Direito Penal do Inimigo

noções e críticas

J25d   Jakobs, Günther
Direito Penal do inimigo: noções e críticas / Günther
Jakobs, Manuel Cancio Meliá; org. e trad. André Luís
Callegari, Nereu José Giacomolli. 6. ed., 4. tir. – Porto
Alegre: Livraria do Advogado Editora, 2020.
118 p; 21 cm.
ISBN 978-85-7348-792-3

1. Direito Penal. 2. Punibilidade. 3. Política criminal.
4. Criminalidade. I. Cancio Meliá, Manuel. II. Callegari,
André Luís, org. III. Giacomolli, Nereu José, org.
IV. Título.

CDU – 343.2

Índices para catálogo sistemático
Direito Penal
Punibilidade
Política criminal
Criminalidade

(Bibliotecária responsável: Marta Roberto, CRB-10/652)

GÜNTHER JAKOBS
MANUEL CANCIO MELIÁ

Direito Penal do Inimigo
noções e críticas

Organização e Tradução
André Luís Callegari
Nereu José Giacomolli

6ª EDIÇÃO
4ª tiragem

Porto Alegre, 2020

©
Günther Jakobs
Manuel Cancio Meliá
2020

Organização e Tradução
André Luís Callegari
Nereu José Giacomolli

Capa, projeto gráfico e diagramação
Livraria do Advogado Editora

Revisão
Rosane Marques Borba

Direitos desta edição reservados por
Livraria do Advogado Editora
Rua Riachuelo, 1334 s/105
90010-273 Porto Alegre RS
Fone: (51) 3225-3311
editora@doadvogado.com.br
www.doadvogado.com.br

Impresso no Brasil / Printed in Brazil

Sumário

Abreviaturas 7

Prólogo I – Günther Jakobs 9

Prólogo II – Manuel Cancio Meliá 11

Prólogo III – André Luís Callegari e Nereu José Giacomolli ... 15

Prólogo IV – André Luís Callegari e Nereu José Giacomolli ... 17

I – Direito Penal do Cidadão e Direito Penal do Inimigo
GÜNTHER JAKOBS 19
1. Introdução: a pena como contradição ou como segurança ... 21
2. Alguns esboços jusfilosóficos 24
3. Personalidade real e periculosidade fática 30
4. Esboço a respeito do Direito Processual Penal 37
5. Decomposição: cidadãos como inimigos? 40
6. Personalização contrafática: inimigos como pessoas 43
7. Resumo 47

II – Terroristas como Pessoas de Direito?
GÜNTHER JAKOBS 49
1. "Luta", palavra ou conceito? 51
2. Expectativas normativas, apoio e orientações cognitivas
das pessoas 55
3. É legítimo um Direito Penal do Inimigo? 63
4. A punição ao terrorista como direito de exceção 68

III. De novo: «Direito Penal» do Inimigo?
MANUEL CANCIO MELIÁ 71
1. Introdução 73
2. Sobre o estado atual da política criminal. Diagnóstico:
a expansão do Direito Penal 75
2.1. Introdução 75

2.2. Os fenômenos expansivos 77
   2.2.1. O Direito Penal simbólico 77
   2.2.2. O resurgir do punitivismo 81
   2.2.3. Punitivismo e Direito Penal simbólico 87
3. Direito Penal do Inimigo? 89
   3.1. Determinação conceitual 90
      3.1.1. Direito Penal do Inimigo (Jakobs) como terceira
         velocidade (Silva Sánchez) do ordenamento
         jurídico-penal 90
      3.1.2. Precisões 92
         3.1.2.1. Considerações 92
         3.1.2.2. Carências 96
   3.2. O Direito Penal do Inimigo como contradição em seus
      termos 98
      3.2.1. Considerações 98
      3.2.2. O Direito Penal do Inimigo como reação
         internamente disfuncional: divergências na
         função da pena 102
      3.2.3. O Direito Penal do Inimigo como Direito Penal
         do Autor 107
4. Algumas conclusões 110
   4.1. Diagnóstico 110

Abreviaturas

ADPCP	Anuario de Derecho Penal y Ciencias Penales
AP	Actualidad Penal
BGBI	Bundesgesetzblatt, Boletim Legislativo Federal da República Federal da Alemanha
BOCG	Boletim Oficial das Cortes Gerais
CP	Código Penal
ed.	edição, encarregado da edição, editora
EGGVG	Einführungsgesetz zum Gerichtsverfassungsesetz, Lei deIntrodução à Lei de Organização dos Órgãos Judiciais
GA	Goltdammer's Archiv für Strafrecht
IRPL/RIDP	International review for Penal Law/Révue Internationale de Droit Pénal
JpD	Revista Jueces para la Democracia. Información y Debate
LKStGB	Leipzinger Kommenatar. Großkommentar, 11ª edição, Berlim-Nova Iorque, 1994
PyE	Pena e Estado
RDPCr	Revista de Derecho Penal y Criminologia
RDPP	Revista Derecho y Proceso Penal
RECPC	Revista Electrónica de Ciencias Penales y Criminologia
RJUAM	Revista Jurídica de la Universidad Autónoma de Madrid
RStGB	Strafgesetzbuch für das deutsche Reich; Código Penal do Reich alemão
s.f.	sin fecha, sem data
StGB	Strafgesetzbuch, Código Penal alemão
StPO	Strafgesetzeßordnung, Código de Processo Penal alemão
StV	Strafverteidiger
ZStW	Zeitschrift für die gesamte Strafrechtswissenschaft

Prólogo I

GÜNTHER JAKOBS

De acordo com uma cômoda ilusão, todos os seres humanos, enquanto pessoas, estão vinculados entre si por meio do direito. Esta suposição é cômoda porque exime da necessidade de iniciar a comprovar em que casos se trata, na realidade, de uma relação jurídica e em que outros de uma situação não jurídica; de certo modo, como jurista, nunca se corre o risco de topar com seus limites. É ilusória porque um vínculo jurídico, quando se pretende que concorra não só conceitualmente, senão na realidade, há de constituir a configuração social; não basta o mero postulado de que tal constituição deve ser. Quando um esquema normativo, por mais justificado que esteja, não dirige a conduta das pessoas, carece de realidade social. Dito com um exemplo: bem antes da chamada liberalização das distintas regulamentações do aborto, estas rígidas proibições já não eram um verdadeiro Direito (e isso, independentemente do que se pense sobre sua possível justificação).

Idêntica à situação a respeito do Direito em si mesmo é a das instituições que cria e, especialmente, da pessoa: se já não existe a expectativa séria, que tem efeitos permanentes de direção da conduta, de um comportamento pessoal – determinado por direitos e deveres –, a pessoa degenera até converter-se em um mero postulado, e em seu lugar aparece o indivíduo interpretado cognitivamente. Isso significa, para o caso da conduta cognitiva, o aparecimento do indivíduo perigoso, o inimigo. Novamente, dito com um exemplo: aquele que pratica algum delito de bagatela é impedido, sendo um indivíduo perigoso (aparte da imposição de uma pena), de cometer ulteriores fatos, concretamente, através da medida de segurança. Falando em termos kantianos, deve ser separado daqueles que não admitem ser incluídos sob uma constituição civil.

A respeito desse diagnóstico, submetido à discussão há anos, existem diversos posicionamentos (mencionados na contribuição de Cancio Meliá nesta publicação), raras vezes afirmativos, na maioria das ocasiões críticos, chegando à concepção, surpreendente no âmbito da ciência, de que o diagnóstico dá medo e que sua formulação é indecorosa: certamente, o mundo pode dar medo, e de acordo com um velho costume, mata-se o mensageiro que traz uma má notícia, em face da mensagem indecorosa. Nenhuma palavra a mais sobre isso.

Muitas ideias deste pequeno estudo que ora apresento têm sido levadas e trazidas várias vezes, em muitas conversas com meu colega Manuel Cancio Meliá, concretamente durante sua estada em Bonn como bolsista da Fundação Alexander Von Humboldt. Deste modo, a fundação, novamente, demonstrou sua capacidade de gerar uma bolsa com benefícios em várias direções. Nossas posições diferem de forma considerável, nem tanto no diagnóstico, mas no que se refere às consequências que é possível esperar ou que, inclusive, deve postular-se. É precisamente por estas tensões que se produz uma publicação conjunta, com agradecimentos, de minha parte, a Cancio Meliá, pela tradução de meu texto e à editora Civitas, por sua disposição em assumir esta nova publicação.

Bonn, junho de 2003.

Prólogo II

MANUEL CANCIO MELIÁ

Como escreve Jakobs (supra I), as diferenças entre sua visão do problema e a minha não dizem respeito tanto à constatação da realidade fenomenológica, mas estão, sobretudo, em que consiste o diagnóstico realizado. De fato, como se pode observar, aqui se parte da exposição de Jakobs a respeito do conceito de Direito penal do inimigo e se situa a questão no marco mais amplo da teoria da pena, precisamente desde a teoria da prevenção geral positiva. E se encontra um grande potencial crítico na construção proposta por Jakobs: desde o ponto de vista aqui adotado se constata – como outros têm feito, mas de outras perspectivas – que aquilo que pode denominar-se de «Direito penal do inimigo» não pode ser «Direito». Dito de outro modo: é algo distinto do que habitualmente se chama «Direito penal» em nossos sistemas jurídico-políticos. E este não é um fenômeno qualquer, uma oscilação político-criminal habitual. Ao contrário, realizar este diagnóstico significa, ao mesmo tempo, reclamar, ainda que seja em outro plano metodológico, que as medidas repressivas que contêm esses setores de regulação de «Direito penal» do inimigo sejam transladadas ao setor que corresponde ao Direito e, com isso, também ao âmbito correto de discussão política: às medidas em estado de exceção. Neste caso, tem importância chamar as coisas por seu nome. Sendo demasiadas as medidas de repressão que usurpam um lugar à sombra do rótulo «Direito penal» (um rótulo legitimante, apesar dos pesares, em nossos sistemas jurídico-políticos), pode produzir-se uma alteração estrutural, na qual algo novo (não: melhor) substitua o atual sistema normativo do Direito penal. Sobretudo porque, diferentemente do discurso que parece predominar nos EUA – no qual se reconhece abertamente que se trata de uma «guerra» na qual não importa nem sequer a aparência jurídica –, na velha Europa (e na Espanha) os agentes políticos que impulsionam estas medidas o fazem sob o estandarte de uma pretendida e total «normalidade constitucional», incrementando, assim, ainda mais, os riscos que por contágio ameaçam de perto o Direito penal em seu conjunto.

Devo agradecer a oportunidade de apresentar algumas reflexões sobre o problema, em primeiro lugar, novamente, à editora Civitas e à amável intermediação do Professor Gonzalo Rodríguez Mourullo. Em segundo lugar, devo minha gratidão à fundação Alexander Von Humboldt, que tornou possível, mediante uma bolsa de investigação, a permanência na Universidade de Bonn, por um semestre, no verão de 2002, quando surgiu o diálogo que agora se apresenta na forma de um livro. Também devo agradecer ao valioso apoio daqueles que têm lido diversas versões deste texto, auxiliando-me na redação com suas valorações: o professor Jesús-María Silva Sánchez, os demais integrantes da Área de Direito Penal da Universidade Pompeo Fabra (Barcelona), o Dr. Bernd Müssing, da Universidade de Bonn, e meus companheiros do Grupo de Estudos Críticos/a undécima tese em Madri. Mas sobretudo, como é evidente, sou muito agradecido ao professor Günther Jakobs por sua proposta de levar a cabo esta pequena publicação conjunta, precisamente porque nossos pontos de vista não coincidem. Na década já transcorrida, desde que o conheci, quando era estudante, Jakobs seguiu confirmando-me de muitas maneiras, de sorte que não me equivoquei ao tomá-lo como ponto de referência para o que deve ser o trabalho na Universidade.

Madri, junho de 2003.

Prólogo III

ANDRÉ LUÍS CALLEGARI
e NEREU JOSÉ GIACOMOLLI

Quando refletimos sobre o Direito Penal, mormente sobre a pena, defrontamo-nos com uma relação de poder do Estado, com um confronto dialético entre a soberania do Estado e os Direitos Humanos. É uma exigência do Direito (Hegel) e da própria sociedade (Luhmann), que a norma há de preponderar frente ao ilícito. Seja qual for a concepção da função da pena, o Direito Penal, num Estado Constitucional de Direito, há de orientar-se por critérios de "proporcionalidade e de imputação" (Meliá), preservando as garantias constitucionais e a essência do ser humano, ou seja, sua consideração como pessoa, como ser humano, como cidadão, e não como um irracional.

Independentemente da gravidade da conduta do agente, este há de ser punido criminalmente como transgressor da norma penal, como indivíduo, como pessoa que praticou um crime, e não como um combatente, como um guerreiro, como um inimigo do Estado e da sociedade. A conduta, por mais desumana que pareça, não autoriza o Estado a tratar o ser humano como se um irracional fosse. O infrator continua sendo um ser humano.

Observamos que o denominado "Direito penal do inimigo" abriga dois fenômenos criminais: o simbolismo do Direito Penal e o punitivismo expansionista, capaz de agregar, num mesmo ninho, o conservadorismo e o liberalismo penal. Os paradigmas preconizados pelo "Direito penal do inimigo" mostram aos seus "inimigos", toda a incompetência Estatal, ao reagir com irracionalidade, ao diferenciar o cidadão "normal" do "outro". A excepcionalidade há de ser negada com o Direito penal e processual penal constitucionalmente previstos, na medida em que a reação extraordinária afirma e fomenta a irracionalidade.

Defendemos que a intervenção do Estado, através do Direito Penal, encontra limites na Carta Constitucional. Por isso, o tratamento há de preservar as garantias constitucionais substanciais e formais, sob pena de não ser direito penal legítimo.

A supressão e a relativização das garantias constitucionais despersonalizam o ser humano, fomentando a metodologia do terror, repressiva de ideias, de certo grupo de autores, e não de fatos.

Não é demasiado e nem unicamente fruto de cortesia, mas queremos agradecer profundamente aos autores Jakobs e Meliá as oportunidades de convivência humana, fraterna e intelectual, no Brasil e no estrangeiro, mormente pelas oportunidades proporcionadas, ímpares e inolvidáveis, de podermos entender e discutir, pelo menos um pouco, o Direito Penal, o processo penal e o estágio atual da sociedade.

Por fim, firmamos nossa convicção na preservação das garantias constitucionais materiais e processuais.

Porto Alegre, inverno de 2005.

Prólogo IV

ANDRÉ LUÍS CALLEGARI
e NEREU JOSÉ GIACOMOLLI

Esta quarta edição da tradução e organização da obra *Derecho Penal del Enemigo*, de Günther Jakobs e Manuel Cancio Meliá, está baseada na segunda edição publicada pela editora Civitas, de Madri, em 2006. Nas três primeiras edições da tradução e organização brasileiras, não constavam os acréscimos feitos na segunda edição espanhola.

Na segunda edição, foi acrescentado um segundo capítulo, *Terroristas como pessoas em Direito?*, escrito por Günther Jakobs (*Terroristen als Personen im Recht?*). Na mesma segunda edição espanhola, o terceiro capítulo, escrito por Manuel Cancio Meliá (*De novo: Direito penal do inimigo?*), é um texto ampliado e modificado do anterior segundo capítulo, constante nas primeira, segunda e terceira edições publicadas no Brasil pela editora Livraria do Advogado.

Em razão disso, esta quarta edição contém os prólogos anteriores e o primeiro capítulo, escrito por Günther Jakobs (*Direito Penal do Cidadão e Direito Penal do Inimigo*), sem alterações, tendo havido incorporação de um capítulo novo, o segundo: *Terroristas como Pessoas em Direito?* Também, o que era antes o segundo capítulo, passou a ser o terceiro; porém, com ampliações e acréscimos, mormente em face do novo texto incorporado e da atualização bibliográfica, bem como pelos acontecimentos relacionados ao tema em debate.

Reafirmamos a nossa convicção na defesa do Estado Democrático e Constitucional de Direito, na preservação das garantias formais e substanciais, na defesa de um Direito Penal e Processual Penal Humanitários e de *ultima ratio*, sem relativização ou supressão de garantias constitucionais que despersonalizem o ser humano, que fomentem o terror e a aplicação do direito penal do autor.

Porto Alegre, outono de 2009.

— I —

Direito Penal do Cidadão
e Direito Penal do Inimigo

GÜNTHER JAKOBS

1. Introdução: a pena como contradição ou como segurança

Quando no presente texto se faz referência ao Direito Penal do cidadão e ao Direito Penal do inimigo, isso no sentido de dois tipos ideais que dificilmente aparecerão transladados à realidade de modo puro: inclusive no processamento de um fato delitivo cotidiano que provoca um pouco mais que tédio – Direito Penal do cidadão – se misturará ao menos uma leve defesa frente a riscos futuros – Direito Penal do inimigo –, e inclusive o terrorista mais afastado da esfera cidadã é tratado, ao menos formalmente, como pessoa, ao lhe serem concedidos no processo penal[1] os direitos de um acusado cidadão. Por conseguinte, não se trata de contrapor duas esferas isoladas do Direito Penal, mas de descrever dois polos de *um só* mundo ou de mostrar duas tendências opostas em *um só* contexto jurídico-penal. Tal descrição revela que é perfeitamente possível que estas tendências se sobreponham, isto é, que se ocultem aquelas que tratam o autor como pessoa e aquelas outras que o tratam como fonte de perigo ou como meio para intimidar aos demais. Que isso fique dito como primeira consideração.

Em segundo lugar, deve limitar-se, previamente, que a denominação «Direito Penal do inimigo» *não* pretende ser *sempre pejorativa*. Certamente, um Direito Penal

---

[1] Fundamentalmente, a respeito da falta de comunicação, ver item 4, infra.

do inimigo é indicativo de uma pacificação insuficiente; entretanto esta, não necessariamente, deve ser atribuída aos pacificadores, mas pode referir-se também aos rebeldes. Ademais, um *Direito* Penal do inimigo implica, pelo menos, um comportamento desenvolvido com base em regras, em vez de uma conduta espontânea e impulsiva. Feitas estas reflexões prévias, começarei com a parte intermediária dos conceitos, ou seja, com a *pena*.

A pena é coação; é coação – aqui só será abordada de maneira setorial – de diversas classes, mescladas em íntima combinação. Em primeiro lugar, a coação é portadora de um significado, portadora da resposta ao fato: o fato, como ato de uma pessoa racional, significa algo, significa uma desautorização da norma, um ataque a sua vigência, e a pena também significa algo; significa que a afirmação do autor é irrelevante, e que a norma segue vigente sem modificações, mantendo-se, portanto, a configuração da sociedade. Nesta medida, tanto o fato como a coação penal são meios de interação simbólica,[2] e o autor é considerado, seriamente, como pessoa; pois se fosse incapaz, não seria necessário negar seu ato.

Entretanto, a pena não só significa algo, mas também produz fisicamente algo. Assim, por exemplo, o preso não pode cometer delitos fora da penitenciária: uma prevenção especial segura durante o lapso efetivo da pena privativa de liberdade. É possível pensar que é improvável que a pena privativa de liberdade se converta na reação habitual frente a fatos de certa gravidade se ela não contivesse este efeito de segurança. Nesta medida, a coação não pretende significar nada, mas quer ser efetiva, isto é, que não se dirige contra a pessoa *em Direito*, mas contra o indivíduo perigoso. Isto talvez se perceba, com especial clareza, quando se passa do efeito de segurança da pena privativa de liberdade à custódia de segurança, enquan-

---

[2] A respeito, vid. JAKOBS, *Norm, Person, Gesellschaft*, 2ª ed, 1999, p. 98 e ss.

to medida de segurança (§ 61 núm. 3, § 66 StGB): nesse caso, a perspectiva não só contempla retrospectivamente o fato passado que deve ser submetido a juízo, mas também se dirige – e sobretudo – para frente, ao futuro, no qual uma «tendência a [cometer] fatos delitivos de considerável gravidade» poderia ter efeitos «perigosos» para a generalidade (§ 66, parágrafo 1º, núm. 3 StGB). Portanto, no lugar de uma pessoa que de per si é capaz, e a que se contradiz através da pena, aparece o indivíduo[3] perigoso, contra o qual se procede – neste âmbito: através de uma medida de segurança, não mediante uma pena – de modo fisicamente efetivo: luta contra um perigo em lugar de comunicação, Direito Penal do inimigo (neste contexto, Direito Penal ao menos em um sentido amplo: a medida de segurança tem como pressuposto a comissão de um delito) em vez do Direito Penal do cidadão, e a voz «Direito» significa, em ambos os conceitos, algo claramente diferente, como se mostrará mais adiante.

O que se pode vislumbrar na discussão científica da atualidade[4] a respeito deste problema é pouco, com tendência ao nada. É que não se pode esperar nada daqueles que buscam razão *em todas as partes*, garantindo-se a si mesmo que a tem *diretamente* e proclamando-a sempre em tom altivo, ao invés de dar-se o trabalho de configurar sua subjetividade, examinando aquilo que é e pode ser. Entretanto, a filosofia da Idade Moderna ensina o suficiente para, pelo menos, estar em condições de abordar o problema.

---

[3] A respeito dos conceitos «indivíduo» e «pessoa», vid. JAKOBS, *Norm, Person, Gesellschaft* (nota 2), p. 9 e ss., 29 e ss.

[4] A questão aparece primeiro em JAKOBS, ZStW, 97 (1985), p. 751, 783 e ss.; *idem*, em: ESER *et al.* (ed.), *Die Deutsche Strafrechswissenschaft vor der Jahrtausendwende. Rückbesinnung und Ausblick*, 2000, p. 47 e ss., 51 e ss.; a respeito SCHULZ, ZStW, 112 (2000), p. 653 e ss., 659 e ss.; contrariamente ESER, *loc. cit.* (*Die Deutsche Strafrechtswissenschaft*), p. 437 e ss., 444 e ss.; SCHÜNEMANN, GA 2001, p. 205 e ss., 210 e ss.

2. Alguns esboços jusfilosóficos

Denomina-se «Direito» o vínculo entre pessoas que são titulares de direitos e deveres, ao passo que a relação com um inimigo não se determina pelo Direito, mas pela coação. No entanto, todo Direito se encontra vinculado à autorização para empregar coação,[5] e a coação mais intensa é a do Direito Penal. Em consequência, poder-se-ia argumentar que qualquer pena, ou, inclusive, qualquer legítima defesa se dirige contra um inimigo. Tal argumentação em absoluto é nova, mas conta com destacados precursores filosóficos.

São especialmente aqueles autores que fundamentam o Estado de modo estrito, mediante um contrato, entendem o delito no sentido de que o delinquente infringe o contrato, de maneira que já não participa dos benefícios deste: a partir desse momento, já não vive com os demais dentro de uma relação jurídica. Em correspondência com isso, afirma Rosseau[6] que qualquer «malfeitor» que ataque o «direito social» deixa de ser «membro» do Estado, posto que se encontra em guerra com este, como demonstra a pena pronunciada contra o malfeitor. A consequência diz assim: «ao culpado se lhe faz morrer mais como inimigo

---

[5] KANT, *Die metaphysike der Sitten. Erster Theil. Metaphysiche Anfangsgr: unde der Rechtslebre*, em: *Kant`s Werke*, Akademie-Ausgabe, tomo 6, 1907, p. 203 e ss., 231 (Einleitung in die Rechtslehre, § D).

[6] ROSSEAU, *Staat und Gesellschaft*. «*Contrat social*», traduzido e comentado por WEIGEND, 1959, p. 33 (segundo livro, capítulo V).

que como cidadão». De modo similar, argumenta Fichte: «quem abandona o contrato cidadão em um ponto em que no contrato se contava com sua prudência, seja de modo voluntário ou por imprevisão, em sentido estrito perde todos os seus direitos como cidadão e como ser humano, e passa a um estado de ausência completa de direitos».[7] Fichte atenua tal morte civil[8] como regra geral mediante a construção de um contrato de penitência,[9] mas não no caso do «assassinato intencional e premeditado»: neste âmbito, mantém-se a privação de direitos: «... ao condenado se declara que é uma coisa, uma peça de gado».[10] Com férrea coerência, Fichte prossegue afirmando que a falta de personalidade, a execução do criminoso «não [é uma] pena, mas só instrumento de segurança».[11] Não é oportuno entrar em detalhes, pois já com este breve esboço é possível pensar que se mostrou que o *status* de cidadão, não necessariamente, é algo que não se pode perder.

Não quero seguir a concepção de Rosseau e de Fichte, pois na separação radical entre o cidadão e seu Direito, por um lado, e o injusto do inimigo, por outro, é demasiadamente abstrata. Em princípio, um ordenamento jurídico deve manter dentro do Direito também o criminoso, e isso por uma dupla razão: por um lado, o delinquente tem direito a voltar a ajustar-se com a sociedade, e para isso deve manter seu *status* de pessoa, de cidadão, em todo caso: sua situação dentro do Direito. Por outro, o delinquente tem o dever de proceder à reparação e também os deveres têm como pressuposto a existência de personalidade, dito de outro modo, o delinquente não

---

[7] FICHTE, *Grudlage des Naturrechts nach den Prinzipien der WissenschafislebreI*, em: *Sämtliche Werke*, ed. a cargo de J. H. FICHTE, Zweite Abtheilung. *A. Zur Rechts – und Sittenlehre*, tomo primeiro, s.f., p. 260.

[8] Id., ibid.

[9] Id., ibid., p. 260 e ss. Dizendo-se de passagem: um contrato com um sujeito expulso da sociedade civil, com alguém sem direitos?

[10] Id., ibid., p. 278 e ss.

[11] Id., ibid., p. 280.

pode despedir-se arbitrariamente da sociedade através de seu ato.

Hobbes tinha consciência desta situação. Nominalmente, é (também) um teórico do contrato social, mas materialmente é, preferentemente, um filósofo das instituições. Seu contrato de submissão – junto a qual aparece, em igualdade de direito (!), a submissão por meio da violência – não se deve entender tanto como um contrato, mas como uma metáfora de que os (futuros) cidadãos não perturbem o Estado em seu processo de auto-organização.[12] De maneira plenamente coerente com isso, Hobbes, em princípio, mantém o delinquente, em sua função de cidadão:[13] o cidadão não pode eliminar, por si mesmo, seu *status*. Entretanto, a situação é distinta quando se trata de uma rebelião, isto é, de alta traição: «Pois a natureza deste crime está na rescisão da submissão,[14] o que significa uma recaída no estado de natureza... E aqueles que incorrem em tal delito não são castigados como súditos, mas como inimigos».[15]

Para Rousseau e Fichte, todo delinquente é, *de per si*, um inimigo; para Hobbes, ao menos o réu de alta traição assim o é. Kant, que fez uso do modelo contratual como ideia reguladora na fundamentação e na limitação do po-

---

[12] Cfr. também KERSTING, *Die politische Philosophie des Gesellschaftsvertrages*, 1994, p. 95: «O contrato fundamental é a forma conceitual dentro da qual há que introduzir a situação política empírica para ser acessível ao conhecimento científico; constitui o esquema de interpretação sob o qual devem subsumir-se os processos históricos de fundação do Estado para poder ser compreendidos politicamente». *Idem*, em: *idem (ed.)*, Thomas Hobbes. *Leviathan etc.* (Klassiker Auslegen), 1996, p. 211 e ss., 213 e ss.

[13] HOBBES, *Leviathan order Stroff, Form und Gewalt eines kirchlichen und bürgerlichen Staates*, ed. a cargo de FETSCHER, tradução de EUCHNER, 1984, p. 237 e ss. (capítulo 28).

[14] Seria mais correto dizer: na supressão fática; as instituições não são suscetíveis de rescisão.

[15] HOBBES, *Leviathan*. Op. cit., p. 242 (capítulo 28); *idem, Vom Bürger*, em: GAWLICK (ed.), *Hobbes. Vom Meschen. Vom Bürger*, 1959, p. 233 (capítulo 14, parágrafo 22).

der do Estado,[16] situa o problema na passagem do estado de natureza (fictício) ao estado estatal. Na construção de Kant, toda pessoa está autorizada a obrigar qualquer outra pessoa a entrar em uma constituição cidadã.[17] Imediatamente, coloca-se a seguinte questão: o que diz Kant àqueles que não se deixam obrigar? Em seu escrito «Sobre a paz eterna», dedica uma extensa nota, ao pé de página,[18] ao problema de quando se pode legitimamente proceder de modo hostil contra um ser humano, expondo o seguinte: «Entretanto, aquele ser humano ou povo que se encontra em um mero estado de natureza, priva... [da] segurança [necessária], e lesiona, já por esse estado, aquele que está ao meu lado, embora não de maneira ativa (*ato*), mas sim pela ausência de legalidade de seu estado (*statu iniusto*), que ameaça constantemente; por isso, posso obrigar que, ou entre comigo em um estado comunitário-legal ou abandone minha vizinhança».[19] Consequentemente, quem não participa na vida em um «estado comunitário-legal» deve retirar-se, o que significa que é expelido (ou impelido à custódia de segurança); em todo caso, não há que ser tratado como pessoa, mas pode ser «tratado», como anota expressamente Kant,[20] «como um inimigo».[21]

---

[16] KANT, *Über den Gemeinspruch: Das mag in der Theorie richtig sein, taugt aber nicht für die Praxis, em: Werke* (nota 5), t. 8, p. 273 e ss., 297; vid. a respeito KERSTING, *Philosophie* (nota 12), p. 199 e ss.

[17] KANT, *Metaphysik der Sitten* (nota 5), p. 255 e ss. (1. Theil, 1. Hauptstück, p. 8).

[18] KANT, *Zum ewigen Frieden. Ein philosophisher. Entwurf*, em: *Werke* nota 5), t.8, p. 341 e ss., 349 (2° apartado, nota).

[19] Ao afirmar *loc. Cit.* (nota 18) que unicamente (porém, ao menos, sim neste caso) posso «proceder de modo hostil» contra quem «já me tenha lesionado ativamente», isso se refere a um delito no «estado cidadão-legal», de maneira que «hostil» caracteriza a produção de um mal conforme a Lei penal, e não a uma despersonalização.

[20] *Zum ewigen Frieden* (nota 18), p. 349.

[21] Esta afirmação, entretanto, contraria a posição de KANT, no que tange ao problema da mentira, no que KANT não tem suficientemente em conta a dependência do contexto (scil.: reciprocidade) da personalidade praticada: *Über ein vermeintliches Recht aus Menschenliebe zulügen*, em: *Werke* (nota 5), t. 8, p. 421 e ss. Sobre esta questão, cfr. OBERER, em: GEISMANN e OBERER (ed). *kant und*

Como acaba de citar-se, na posição de Kant não se trata como pessoa quem «me ameaça... constantemente», quem não se deixa obrigar a entrar em um estado cidadão. De maneira similar, Hobbes despersonaliza o réu de alta traição: pois também este nega, por princípio, a constituição existente. Por conseguinte, Hobbes e Kant conhecem um Direito Penal do cidadão – contra pessoas que não delinquem de modo persistente por princípio – e um Direito Penal do inimigo contra quem se desvia por princípio. Este exclui e aquele deixa incólume o *status* de pessoa. O Direito Penal do cidadão é Direito também no que se refere ao criminoso. Este segue sendo pessoa. Mas o Direito Penal do inimigo é Direito em outro sentido. Certamente, o Estado tem direito a procurar segurança frente a indivíduos que reincidem persistentemente na comissão de delitos. Afinal de contas, a custódia de segurança é uma instituição jurídica. Ainda mais: os cidadãos têm direito de exigir do Estado que tome medidas adequadas, isto é, têm um direito à segurança,[22] com base no qual Hobbes fundamenta e limita o Estado: *finis oboedientiae est protectio*.[23] Mas neste direito não se encontra contido, em Hobbes, o réu de alta traição; em Kant, quem permanentemente ameaça; trata-se do direito dos demais. *O Direito Penal do cidadão é o Direito de todos, o Direito Penal do inimigo é daqueles que o constituem contra o inimigo: frente ao inimigo, é só coação física, até chegar à guerra.* Esta coação pode ficar limitada em um duplo sentido. Em primeiro lugar, o Estado não necessariamente excluirá o inimigo de todos os direitos. Neste sentido, o sujeito submetido à custódia

---

recht der Lüge, 1986, p. 7 e s.; PAWLIK, *Das unerlaubte Verhalten beim Betrug*, 1999, p. 89 e ss.; ANNEN, *Das Problem der Wahrhaftigkeit in der Philosophie der deutschen Aufklärung. Ein Beitrag zur Ethik und zum Naturrecht des 18. Jahrhunderts*, 1997, p. 97 e ss.

[22] Fundamental ISENSEE, *Das Grundrecht auf Sicherheit, Zu den Schutzpflichten des freiheitlichen Verfassungsstaates*, 1983.

[23] O fim da obediência é a proteção; HOBBES, *Leviathan* (nota 13), p. 171 (capítulo); idem, *Vom Bürger* (nota 15), p. 132 e ss. (capítulo 6, parágrafo 3).

de segurança fica incólume em seu papel de proprietário de coisas. E, em segundo lugar, o Estado não tem por que fazer tudo o que é permitido fazer, mas pode conter-se, em especial, para não fechar a porta a um posterior acordo de paz. Mas isso em nada altera o fato de que a medida executada contra o inimigo não significa nada, mas só coage. *O Direito Penal do cidadão mantém a vigência da norma, o Direito Penal do inimigo* (em sentido amplo: incluindo o Direito das medidas de segurança) *combate perigos*; com toda certeza existem múltiplas formas intermediárias.

3. Personalidade real e periculosidade fática

Falta formular uma pergunta: por que Hobbes e Kant realizam a delimitação como se tem descrito? Darei forma de teses à resposta: nenhum contexto normativo, e também o é o cidadão, a pessoa *em Direito*, é tal – vigora – por si mesmo. Ao contrário, também há de determinar, em linhas gerais, a sociedade. Só então é real.

Para explicar esta tese, começarei com algumas considerações acerca do que significa – *sit venia verbo* – o caso normal da sequência de delito e pena. Não existem os delitos em circunstâncias caóticas, mas só como violação das normas de uma ordem praticada. Ninguém tem desenvolvido isso com tanta clareza como Hobbes,[24] que atribui a todos os seres humanos, no estado de natureza, um *ius naturale* a tudo, quer dizer, na terminologia moderna, só um *ius* assim *denominado,* a respeito do qual precisamente não se encontra em correspondência uma *obligatio,* um dever do outro, mas que, ao contrário, só é uma denominação da liberdade normativamente ilimitada, unicamente circunscrita pela violência física de cada indivíduo, de fazer e deixar de fazer o que se queira, contanto que se possa. Quem quer e pode, pode matar alguém sem causa alguma. É este, como HOBBES constata expressamente[25]

---

[24] *Leviathan.* Op. cit., p. 99 e ss. (capítulo 14).
[25] Id., ibid.

seu *ius naturale*. E isso nada tem em comum com um delito, já que no estado de natureza, na falta de uma ordem definida, de maneira vinculante, não podem ser violadas as normas de tal ordem.

Portanto, os delitos só acontecem em uma comunidade ordenada, no Estado, do mesmo modo que o negativo só se pode determinar ante a ocultação do positivo e vice-versa. E o delito não aparece como princípio do fim da comunidade ordenada, mas só como infração desta, como deslize reparável. Para esclarecer o que foi dito, pense no sobrinho que mata seu tio, com o objetivo de acelerar o recebimento da herança, a qual tem direito. Nenhum Estado sucumbe por um caso destas características. Ademais, o ato não se dirige contra a permanência do Estado, e nem sequer contra a de suas instituições. O malvado sobrinho pretende amparar-se na proteção da vida e da propriedade dispensadas pelo Estado; isto é, comporta-se, evidentemente, de maneira autocontraditória. Dito de outro modo, opta, como qualquer um reconheceria, por um mundo insustentável. E isso não só no sentido do insustentável, desde o ponto de vista prático, em uma determinada situação, mas já no plano teórico. Esse mundo é impensável.

Por isso, o Estado moderno vê no autor de um fato – de novo, uso esta palavra pouco exata – normal, diferentemente do que ocorre nos teóricos estritos do contratualismo de Rosseau e de Fichte, não um inimigo que há de ser destruído, mas um cidadão, uma pessoa que, mediante sua conduta, tem danificado a vigência da norma e que, por isso, é chamado – de modo coativo, mas como cidadão (e não como inimigo) – a equilibrar o dano, na vigência da norma. Isto se revela com a pena, quer dizer, mediante a privação de meios de desenvolvimento do autor, mantendo-se a expectativa defraudada pelo autor, tratando esta, portanto, como válida, e a máxima da conduta do autor como máxima que não pode ser norma.[26]

Entretanto, as coisas somente são tão simples, inclusive quase idílicas – o autor pronuncia sua própria sentença já pela inconsistência de sua máxima –, quando o autor, apesar de que seu ato ofereça garantia de que se conduzirá, em linhas gerais, como cidadão, quer dizer, como pessoa que atua com fidelidade ao ordenamento jurídico. Do mesmo modo que a vigência da norma, não pode manter-se de maneira *completamente* contrafática, tampouco a personalidade. Tentarei explicar brevemente o que foi dito, abordando primeiro a vigência da norma.

Pretendendo-se que uma norma determine a configuração de uma sociedade, a conduta em conformidade com a norma, realmente, deve ser esperada em seus aspectos fundamentais. Isso significa que os cálculos das pessoas deveriam partir de que os demais se comportarão de acordo com a norma, isto é, precisamente, sem infringi-la. Ao menos nos casos das normas de certo peso, nas quais se pode esperar a fidelidade à norma, necessita-se de certa confirmação cognitiva para poder converter-se em real. Um exemplo extremo: quando é séria a possibilidade de ser lesionado, de ser vítima de um roubo ou talvez, inclusive, de um homicídio, em um determinado parque, a certeza de estar, em todo caso, em meu direito, não me fará entrar nesse parque sem necessidade. Sem uma suficiente segurança cognitiva, a vigência da norma se esboroa e se converte numa promessa vazia, na medida em que já não oferece uma configuração social realmente susceptível de ser vivida. No plano teórico, pode-se afastar esta confirmação do normativo pelo fático, aduzindo que o que não deve ser, não deve ser, embora provavelmente vá ser. Porém, as pessoas não só querem ter direito,

---

[26] Cfr. *supra* 1.

mas também preservar seu corpo, isto é, sobreviver como indivíduos necessitados,[27] e a confiança no que não deve ser somente supõe uma orientação com a qual é possível sobreviver quando não é contraditória com tanta intensidade pelo conhecimento do que será. É precisamente por isto que Kant argumenta que qualquer um pode obrigar a qualquer outro a entrar numa constituição cidadã.[28]

O mesmo ocorre com a personalidade do autor de um fato delitivo: tampouco esta pode se manter de modo puramente contrafático, sem nenhuma confirmação cognitiva. Pretendendo-se não só introduzir outrem no cálculo como indivíduo, isto é, como ser que avalia em função de satisfação e insatisfação, mas tomá-lo como pessoa, o que significa que se parte de sua orientação com base no lícito e no ilícito. Então, também esta expectativa normativa deve encontrar-se cimentada, nos aspectos fundamentais, de maneira cognitiva. E isso, claramente, quanto maior for o peso que corresponda às normas em questão.

Já se tem mencionado o exemplo da custódia de segurança como medida de segurança. Há muitas outras regras do Direito Penal que permitem apreciar que naqueles casos nos quais a expectativa de um comportamento pessoal é defraudada de maneira duradoura, diminui a disposição em tratar o delinquente como pessoa. Assim, por exemplo, o legislador (por permanecer primeiro no âmbito do Direito material) está passando a uma legislação – denominada abertamente deste modo – de luta, por exemplo, no âmbito da criminalidade econômica,[29]

---

[27] Cfr. nota 3.

[28] Como na nota 17.

[29] Erstes Gesetz zur Bekämpfung der Wirtschaftskriminalität vom 29-7-1976, BGBI I, p. 2034; Zweites Gesetz zur Bekämpfung der Wirtschaftskriminalität vom 15-51986, BGBI I, p. 721 (=respectivamente, primeira e segunda Lei de luta contra a criminalidade econômica).

do terrorismo,[30] da criminalidade organizada,[31] no caso de «delitos sexuais e outras infrações penais perigosas»,[32] assim como, em geral, no que tange aos «crimes».[33] Pretende-se combater, em cada um destes casos, a indivíduos que em seu comportamento (por exemplo, no caso dos delitos sexuais), em sua vida econômica (assim, por exemplo, no caso da criminalidade econômica, da criminalidade relacionada com as drogas e de outras formas de criminalidade organizada) ou mediante sua incorporação a uma organização (no caso do terrorismo, na criminalidade organizada, inclusive já na conspiração para delinquir, § 30 StGB) se tem afastado, provavelmente, de maneira duradoura, ao menos de modo decidido, do Direito, isto é, que não proporciona a garantia cognitiva mínima necessária a um tratamento como pessoa. A reação do ordenamento jurídico, frente a esta criminalidade, se caracteriza, de modo paralelo à diferenciação de Kant entre estado de cidadania e estado de natureza acabada de citar, pela circunstância de que não se trata, em primeira linha, da compensação de um dano à vigência da norma, mas da eliminação de um perigo: a punibilidade avança um grande trecho para o âmbito da preparação, e a pena se dirige à segurança frente a fatos futuros, não à sanção de fatos cometidos. Brevemente: a reflexão do legislador é a seguinte: o outro «me lesiona por...[seu] estado [em ausência de legalidade] (*statu iniusto*), que me ameaça cons-

---

[30] Artigo 1, Gesetz zur Bekämpfung des Terrorismus (= Lei para a luta contra o terrorismo) de 19-2-1986, BGBI I, p. 2566.

[31] Gesetz zur Bekämpfung des illegalen Rauschgiftandels und anderer Erscheinungsformen der Organisierten Krominalität (= Lei para luta contra o tráfico ilegal de drogas tóxicas e outras formas de manifestação da criminalidade organizada) de 15-7-1999, BGBI I, p. 1302.

[32] Gesetz zur Bekämpfung vom Sexualdelikten und anderen gefährlichen Straftaten (= Lei para a luta contra os delitos sexuais e outra infrações penais perigosas) de 26/1-1998, BGBI I, p. 160.

[33] Verbrechesbekämpfungsgesetz (= Lei de luta contra o delito) de 28-10-1994, BGBI I, p. 3186.

tantemente».[34] Uma ulterior formulação: um indivíduo que não admite ser obrigado a entrar em um estado de cidadania não pode participar dos benefícios do conceito de pessoa. E que o estado de natureza é um estado de ausência de normas, isto é, de liberdade excessiva, tanto como de luta excessiva. Quem ganha a guerra determina o que é norma, e quem perde há de submeter-se a esta determinação.

Ao que tudo isto segue parecendo muito obscuro, pode-se oferecer um rápido esclarecimento, mediante uma referência aos fatos de 11 de setembro de 2001. O que ainda se subentende a respeito do delinquente de caráter cotidiano, isto é, não tratá-lo como indivíduo perigoso, mas como pessoa que age erroneamente, já passa a ser difícil, como se acaba de mostrar, no caso do autor por tendência. Isso está imbricado em uma organização – a necessidade da reação frente ao perigo que emana de sua conduta, reiteradamente contrária à norma, passa a um primeiro plano – e finaliza no terrorista, denominação dada a quem rechaça, por princípio, a legitimidade do ordenamento jurídico, e por isso persegue a destruição dessa ordem. Entretanto, não se pretende duvidar que também um terrorista que assassina e aborda outras empresas pode ser representado como delinquente que deve ser punido por qualquer Estado que declare que seus atos são delitos. Os delitos seguem sendo delitos, ainda que se cometam com intenções radicais e em grande escala. Porém, há que ser indagado se a fixação estrita e exclusiva à categoria do delito não impõe ao Estado uma atadura – precisamente, a necessidade de respeitar o autor como pessoa – que, frente a um terrorista, que precisamente não justifica a expectativa de uma conduta geralmente pessoal, simplesmente resulta inadequada. Dito de outro modo: quem inclui o inimigo no conceito de delinquente-

---

[34] KANT, como na nota 18.

-cidadão não deve assombrar-se quando se misturam os conceitos «guerra» e «processo penal». De novo, em outra formulação: quem não quer privar o Direito Penal do cidadão de suas qualidades vinculadas à noção de Estado de Direito – controle das paixões; reação exclusivamente frente a atos exteriorizados, não frente a meros atos preparatórios;[35] a respeito da personalidade do delinquente no processo penal, etc. – deveria chamar de outra forma aquilo que *tem que* ser feito contra os terroristas, se não se quer sucumbir, isto é, deveria chamar Direito Penal do inimigo, guerra contida.

Portanto, o Direito Penal conhece dois polos ou tendências em suas regulações. Por um lado, o tratamento com o cidadão, esperando-se até que se exteriorize sua conduta para reagir, com o fim de confirmar a estrutura normativa da sociedade, e por outro, o tratamento com o inimigo, que é interceptado já no estado prévio, a quem se combate por sua periculosidade. Um exemplo do primeiro tipo pode constituir o tratamento dado a um homicida, que, se é processado por autoria individual só começa a ser punível quando se dispõe imediatamente a realizar o tipo (p. 22, 21 StGB), um exemplo do segundo tipo pode ser o tratamento dado ao cabeça (chefe) ou quem está por atrás (independentemente de quem quer que seja) de uma associação terrorista, ao que alcança uma pena só levemente mais reduzida do que a corresponde ao autor de uma tentativa de homicídio,[36] já quando funda a associação ou leva a cabo atividades dentro desta (p 129 a StGB), isto é, eventualmente anos antes de um fato previsto com maior ou menor imprecisão.[37] Materialmente, é possível pensar que se trata de uma custódia de segurança antecipada que se denomina «pena».

---

[35] JAKOBS, ZStW, 97 (1985), p. 751 e ss.

[36] De três a quinze anos de pena privativa de liberdade frente a uma pena de cinco a quinze anos, §§ 30, 212, 49 StGB.

[37] A respeito da tentativa de participação, § 30 StGB, *infra* 5.

4. Esboço a respeito do Direito Processual Penal

No Direito processual penal, novamente aparece esta polarização; é forte a tentação de dizer: evidentemente. Aqui não é possível expor isto com profundidade; ao menos, se tentará levar a cabo um esboço. O imputado, por um lado, é uma pessoa que participa, quem costumeiramente recebe a denominação de «sujeito processual»; isto é, precisamente, o que distingue o processo reformado do processo inquisitivo. Deve mencionar-se, por exemplo,[38] o direito à tutela judicial, o direito a solicitar a prática de provas, de assistir aos interrogatórios e, especialmente, a não ser enganado, coagido, e nem submetido a determinadas tentações (§ 136 a StPO).

De outra banda, frente a esse lado pessoal, de sujeito processual,[39] aparece em múltiplas formas uma clara coação, sobretudo na prisão preventiva (§§ 112, 112 a StPO); do mesmo modo que a custódia de segurança, a prisão preventiva também nada significa para o imputado, mas frente a ele se esgota numa coação física. Isso não porque

---

[38] Cfr. enumeração mais exaustiva em ROXIN, *Strafverfabrensrecht*, 25ª edição, 1998, § 18.

[39] A respeito dos requisitos de um *dever* de participação como consequência da personalização fundamental PAWLIK, GA 1998, p. 378 e ss., com amplas referências. ROXIN, *Strafverfabrensrecht* (nota 38), assinala a necessidade de «suportar o desenvolvimento do processo» à coação. Isso não resulta convincente: o processo, de per si, *é* o caminho ao esclarecimento da situação, mediante um tratamento pessoal recíproco.

o imputado deve assistir ao processo – também participa no processo uma *pessoa* imputada, e por convicção –, mas porque é obrigado a isso mediante seu encarceramento. Esta coação não se dirige contra a pessoa *em Direito* – esta nem oculta provas nem foge –, mas contra o indivíduo, quem com seus instintos e medos põe em perigo a tramitação ordenada do processo, isto é, se conduz, nessa medida, como inimigo. A situação é idêntica a respeito de qualquer coação a uma intervenção, por exemplo, a uma retirada de sangue (§ 81 a StPO), assim como a respeito daquelas medidas de supervisão das quais o imputado nada sabe no momento de sua execução porque as medidas só funcionam enquanto o imputado não as conheça. Neste sentido, há que mencionar a intervenção nas telecomunicações (§ 100 a StPO), outras investigações secretas (§ 100 c StPO), e a intervenção de agentes infiltrados (§ 110 a StPO). Como no Direito Penal do inimigo substantivo, também neste âmbito o que ocorre é que estas medidas não têm lugar fora do Direito; porém, os imputados, na medida em que se intervém em seu âmbito, são excluídos de seu direito: o Estado elimina direitos de modo juridicamente ordenado.

De novo, como no Direito material, as regras mais extremas do processo penal do inimigo se dirigem à eliminação de riscos terroristas. Neste contexto, pode bastar uma referência à incomunicabilidade, isto é, à eliminação da possibilidade de um preso entrar em contato com seu defensor, evitando-se riscos para a vida, a integridade física ou a liberdade de uma pessoa (§§ 31 e ss. EGGVG). Agora, este somente é um caso extremo, regulado pelo Direito positivo. O que pode suceder, a margem de um processo penal ordenado, é conhecido em todo o mundo desde os fatos do 11 de setembro de 2001: em um procedimento em que a falta de uma separação do Executivo, com toda certeza não pode denominar-se um processo judicial próprio, mas sim, perfeitamente, pode chamar-se um procedimento de guerra. Aquele Estado em cujo território se cometeram aqueles atos tenta, com a ajuda de outros Estados, em cujos territórios até o momento – e só até o momento – não tem ocorrido nada comparável, destruir as fontes dos terroristas e dominá-los, ou, melhor, matá-los diretamente, assumindo, com isso, também o homicídio de seres humanos inocentes, chamado dano colateral. A ambígua posição dos prisioneiros – delinquentes? prisioneiros de guerra? – mostra que se trata de persecução de delitos mediante a guerra.

5. Decomposição: cidadãos como inimigos?

Portanto, o Estado pode proceder de dois modos com os delinquentes: pode vê-los como pessoas que delinquem, pessoas que tenham cometido um erro, ou indivíduos que devem ser impedidos de destruir o ordenamento jurídico, mediante coação. Ambas perspectivas têm, em determinados âmbitos, seu lugar legítimo, o que significa, ao mesmo tempo, que também possam ser usadas em um lugar equivocado.

Como se tem mostrado, a personalidade, como construção exclusivamente normativa, é irreal. Só será real quando as expectativas que se dirigem a uma pessoa também se realizam no essencial. Certamente, uma pessoa também pode ser construída *contrafaticamente* como pessoa; porém, precisamente, não de modo permanente ou sequer preponderante. Quem não presta uma segurança cognitiva suficiente de um comportamento pessoal não só não pode esperar ser tratado ainda como pessoa, mas o Estado não *deve* tratá-lo, como pessoa, já que do contrário vulneraria o direito à segurança das demais pessoas. Portanto, seria completamente errôneo demonizar aquilo que aqui se tem denominado Direito Penal do inimigo. Com isso não se pode resolver o problema de como tratar os indivíduos que não permitem sua inclusão em uma constituição cidadã. Como já se tem indicado, Kant exige a separação deles, cujo significado é de que deve haver proteção frente aos inimigos.[40]

Por outro lado, entretanto, em princípio, nem todo delinquente é um adversário do ordenamento jurídico. Por isso, a introdução de um cúmulo – praticamente já inalcançável – de linhas e fragmentos de Direito Penal do inimigo no Direito Penal geral é um mal, desde a perspectiva do Estado de Direito. Tentarei ilustrar o que foi dito com um exemplo[41] relativamente à preparação do delito: o Código penal prusiano de 1851 e o Código Penal do *Reich* de 1871, não conheciam uma punição de atos isolados de preparação de um delito. Depois de que na «luta cultural» (*Kulturkampf*) – uma luta do Estado pela secularização das instituições sociais – um estrangeiro (o belga Duchesne) ofereceu-se às altas instituições eclesiásticas estrangeiras (o provincial dos jesuítas na Bélgica e o arcebispo de Paris) para matar o chanceler do *Reich* (Bismarck), em troca do pagamento de uma soma considerável, introduziu-se um preceito que ameaçava tais atos de preparação de delitos gravíssimos, com pena de prisão de três meses até cinco anos. No caso de outros delitos, com pena de prisão de até dois anos (§§ 49 a, 16 RStGB depois da reforma de 1876). Trata-se de uma regulação que – como mostram as penas pouco elevadas – evidentemente não tomava como ponto de referência a periculosidade que pode vir a ser um inimigo, mas aquele que um autor já tenha atacado até esse momento, ao realizar a conduta: a segurança pública. Em 1943 (!), agravou-se o preceito (entre outros aspectos) vinculando a pena ao fato planejado. Deste modo, o delito contra a segurança pública se converteu em uma verdadeira punição de atos preparatórios, e esta modificação não foi revogada até os dias de hoje. Portanto, o ponto de partida ao qual se ata

---

[40] KANT, como na nota 18.

[41] A respeito da história do § 30 StGB cfr. LK – ROXIN, n. m. 1 prévio ao § 30.

a regulação é a conduta não realizada, mas só planejada, isto é, não o dano à vigência da norma que tenha sido realizado, mas o fato futuro.[42] Dito de outro modo, o lugar do dano atual à vigência da norma é ocupado pelo perigo de danos futuros: uma regulação própria do Direito Penal do inimigo. O que, no caso dos terroristas – em princípio, adversários – pode ser adequado, isto é, tomar como ponto de referência as dimensões do perigo, e não o dano à vigência da norma, já realizado, se traslada aqui ao caso do planejamento de *qualquer* delito, por exemplo, de um simples roubo. Tal Direito Penal do inimigo, supérfluo – a ameaça da pena desorbitada carece de toda justificação –, é mais danoso para o Estado de Direito que, por exemplo, a falta de comunicação antes mencionada, pois neste último caso, só não se trata como pessoa ao – suposto – terrorista, no primeiro, qualquer autor de um delito em sentido técnico e qualquer indutor (§§ 12, parágrafo 1°, 30 StGB), de maneira que uma grande parte do Direito Penal do cidadão se entrelaça com o Direito Penal do inimigo.

---

[42] Apesar de considerar-se, geralmente, que uma delimitação clara de atos preparatórios e tentativa constitui um postulado de primeira classe num Estado de Direito, está ausente qualquer consideração crítica da punibilidade da preparação dos delitos conforme o § 30 StGB, uma punibilidade que – a respeito dos delitos no caso de autoria e indução – marginaliza quase por completo a relevância do limite; do novo, cfr. uma posição crítica a respeito em JAKOBS, ZStW, 97 (1985), p. 752.

6. Personalização contrafática: inimigos como pessoas

A exposição não seria completa se não se agregasse à seguinte reflexão: como se tem mostrado, só é pessoa quem oferece uma garantia cognitiva suficiente de um comportamento pessoal, e isso como consequência da ideia de que toda normatividade necessita de uma cimentação cognitiva para poder ser real. E desta contestação tampouco fica excluído o ordenamento jurídico em si mesmo: somente se é imposto realmente, ao menos em linhas gerais, tem uma vigência mais que ideal, isto é, real. Contrariamente a esta posição se encontra, entretanto, na atualidade, a suposição corrente de que em todo o mundo existe uma ordem mínima juridicamente vinculante no sentido de que não devem tolerar-se as vulnerações dos direitos humanos elementares, independentemente de onde ocorram, e que, ao contrário, há que reagir frente a tais vulnerações, mediante uma intervenção e uma pena. O Tribunal para a antiga Iugoslávia em Haia, o estatuto de Roma[43] e o Código penal internacional[44] são consequências desta suposição. Ao se examinar com mais vagar a jurisdição internacional e nacional que com isso se estabelece, percebe-se que a pena passa de um meio para a *manutenção* da vigência da norma para ser um meio

---

[43] Publicações do *Bundestag* [Parlamento Federal alemão] 14/2682, p. 9 e ss.

[44] Artigo 1º da Lei de introdução de um Código Penal Internacional de 26.6.2002, BGBI, p. 2254.

de *criação* de vigência da norma. Isto não tem por que ser inadequado, porém é necessário identificá-lo e processá--lo teoricamente. A seguir se tentará resolver essa tarefa:

Como é sabido e não necessita de referência alguma, em muitos lugares do mundo, ocorrem vulnerações extremas de direitos humanos elementares. Agora, ali onde ocorrem, estas vulnerações acontecem porque os direitos humanos naqueles lugares até o momento não estavam estabelecidos no sentido de que fossem respeitados em linhas gerais, pois ao contrário, também nesses territórios seriam entendidas as vulnerações como perturbações da ordem estabelecida e seriam sancionadas, sem necessidade de uma jurisdição exterior. Portanto, são alguns Estados – fundamentalmente, ocidentais – que afirmam uma vigência global dos direitos humanos, vigência que é negada no lugar de comissão de atos, de maneira radical e exitosa, ao menos por parte dos autores. Agora, o autor sempre nega a vigência da norma que proíbe o fato a respeito da conduta que planeja; pois ao contrário, não poderia praticar o ato. Em consequência, parece que *em todo caso* – tanto no caso de uma vulneração de direitos humanos em qualquer lugar do mundo como na hipótese básica de um delito dentro do Estado – o autor se dirige contra a norma proibitiva e que a vigência da norma, afetada por ele, é confirmada em sua intangibilidade pela pena. Entretanto, esta equiparação suporia desconsiderar diferenças essenciais.

Numa hipótese básica de um delito, *em* um Estado, em linhas gerais, num caso individual, uma ordem estabelecida é vulnerada. Já existe um monopólio da violência a favor do Estado, e a este o autor está submetido, também já antes de seu ato. Kant formulou isso afirmando que no «estado comunitário-legal» a «autoridade» tem «poder» tanto sobre o autor quanto sobre sua vítima.[45] Portanto,

---

[45] Como na nota 18.

trata-se de um estado de certeza, de que o Estado presta segurança suficiente para as expectativas normativas da vítima frente ao autor, de modo que, se, apesar disso se produz um fato, este aparece como peculiaridade que não deve considerar no cálculo cognitivo, podendo ser neutralizada mediante a imputação ao autor e sua punição. Esta breve consideração a respeito da situação em *um estado de vigência real do ordenamento jurídico*, isto é, no Estado em funcionamento, há de bastar.

A situação é distinta no que tange à vigência global dos direitos humanos. Não se pode afirmar, de nenhum modo, que exista um estado real de vigência do Direito, mas tão só de um postulado de realização. Este postulado pode estar perfeitamente fundamentado, mas isso não implica que esteja realizado, do mesmo modo que uma pretensão jurídico-civil não se encontra realizada só porque esteja bem fundamentada. Dito de outro modo: nesta medida, não se trata da *manutenção* de um «estado comunitário-legal», mas, previamente, de seu *estabelecimento*. A situação prévia à criação do estado «comunitário-legal» é o estado de natureza, e neste não há personalidade. Em todo caso, não existe uma personalidade assegurada. Por isso, frente aos autores de vulnerações dos direitos humanos, os quais, por sua parte, tampouco oferecem uma segurança suficiente de ser pessoas, de per si permite-se tudo o que seja necessário para assegurar o âmbito «comunitário-legal», e isto é de fato o que sucede, conduzindo primeiro uma guerra, não enviando como primeiro passo à polícia para executar uma ordem de detenção. Agora, uma vez que se tem o infrator, trocam-se o Código Penal e o Código de Processo Penal, como se fosse um homicídio por raiva ou de conflitos cidadãos parciais destas características. Portanto, declara-se ser o autor uma pessoa para poder manter a ficção da vigência universal dos direitos humanos. Seria mais sincero separar esta coação na *criação* de uma ordem de direito a *manter* uma ordem:

DIREITO PENAL DO INIMIGO

o «cidadão» Milosevic faz parte *daquella* sociedade que o coloca ante um tribunal como o era o «cidadão» Capeto. Como é evidente, não me dirijo contra os direitos humanos com vigência universal, porém seu estabelecimento é algo distinto de sua garantia. Servindo ao estabelecimento de uma Constituição mundial «comunitário-legal», deverá castigar aos que vulneram os direitos humanos; porém, isso não é uma pena contra pessoas culpáveis, mas contra inimigos perigosos, e por isso deveria chamar-se a coisa por seu nome: Direito Penal do Inimigo.

7. Resumo

A. A função manifesta da pena no Direito Penal do cidadão é a *contradição*, e no Direito Penal do inimigo é a *eliminação de um perigo*. Os correspondentes tipos ideais praticamente nunca aparecerão em uma configuração pura. Ambos os tipos *podem* ser legítimos.

B. No Direito natural de argumentação contratual estrita, na realidade, todo delinquente é um inimigo (Rosseau, Fichte). Para manter um destinatário para expectativas normativas, entretanto, é preferível manter, por princípio, o *status* de cidadão para aqueles que *não* se desviam (Hobbes, Kant).

C. Quem por princípio se conduz de modo desviado não oferece garantia de um comportamento pessoal. Por isso, não pode ser tratado como cidadão, mas deve ser combatido como inimigo. Esta guerra tem lugar com um legítimo direito dos cidadãos, em seu direito à segurança; mas diferentemente da pena, não é Direito também a respeito daquele que é apenado; ao contrário, o inimigo é excluído.

D. As tendências contrárias presentes no Direito material – contradição *versus* neutralização de perigos – encontram situações paralelas no Direito processual.

E. Um Direito Penal do inimigo, claramente delimitado, é menos perigoso, desde a perspectiva do Estado de Direito, que entrelaçar *todo* o Direito Penal com fragmentos de regulações próprias do Direito Penal do inimigo.

F. A punição internacional ou nacional de vulnerações dos direitos humanos, depois de uma troca política, mostra traços próprios do Direito Penal do inimigo, sem ser só por isso ilegítima.

— II —

Terroristas como pessoas de direito?[46]

GÜNTHER JAKOBS

---

[46] Título em alemão: *Terroristen als Personen im Recht?* (manuscrito, impresso para ZStW 117 [2005], fasc.4). O texto contém uma versão, levemente ampliada e dotada de notas de rodapé, da posição defendida pelo autor na mesa redonda sobre o tema "Guerra contra o terror – consequências para o Direito Penal de um Estado de Direito", celebrada no marco da *Strafrechtslehrertagung* (convenção anual de professores de Direito Penal de língua alemã) acontecida em Frankfurt an der Oder, no dia 08/05/2005. Tradução para o espanhol de Manuel Cancio Meliá (Universidad Autónoma de Madrid).

1. "Luta", palavra ou conceito?

Pode-se conduzir uma "guerra contra o terror"[47] com os instrumentos do Direito Penal de um Estado de Direito? Pois bem: em 1986, foi promulgada na Alemanha uma "Lei para a luta contra o terrorismo". Em 2003, aprovou-se outra Lei de luta contra o terrorismo, em transposição de uma decisão-quadro do Conselho da União Europeia,[48] e também uma norma legal promulgada pouco antes, chamada de modo neutro "34ª Lei de Modificação do Direito Penal",[49] faz parte das Leis de combate dirigidas contra o terrorismo.[50] "Guerra" e "luta" são apenas palavras? Se assim for, não deveriam ser levadas tão a sério. Ou são conceitos? Assim, "guerra" e "luta" implicam a existência de um inimigo que é preciso combater.

O fato de que as Leis identifiquem como aqueles que é preciso combater não aos terroristas, mas ao terrorismo, de modo semelhante à luta contra a cólera ou o analfabetismo, não altera em nada os fatos: tratam-se de Leis penais, e a pena, como se sabe, não se aplica ao terrorismo, mas sim aos terroristas. No entanto, como mostra a deno-

---

[47] Gesetz zur Bekämpfung des Terrorismus, de 19/12/1986, BGBI I, p. 2566.

[48] De 22/12/2003, BGBI I, p. 2836.

[49] 34. Strafrechtänderungsgestz, de 22/08/2002, BGBI I, p. 3990.

[50] Leis ulteriores de combate se dirigem contra a criminalidade econômica (de 15/05/1986, BGBI I, p. 721), o comércio ilegal de drogas tóxicas e outras manifestações do crime organizado (de 15/07/1992, BGBI I, p. 1302), os delitos sexuais e outros delitos (de 26/01/1998, BGBI I, p. 160), assim como, finalmente, contra o delito em geral (de 28/10/1994, BGBI, I, p. 3186).

minação das Leis em questão, a punição dos terroristas é somente uma meta intermédia, não o objetivo principal do legislador. Parece claro que, através do castigo dos terroristas, pretende-se combater o terrorismo em seu conjunto, quer dizer, a pena é um meio para um fim policial, um passo na luta pela segurança. Seja como for, em todo o caso, permanece a questão: "luta" é uma palavra ou um conceito?

Principalmente, as duas Leis mais recentes entre as supracitadas se referem ao preceito dirigido contra a criação de associações terroristas (§ 129a StGB). Elas o intensificam e estendem esse preceito às associações localizadas no exterior (§ 129b StGB). Trata-se, portanto, da configuração de disposições especiais no âmbito dos atos preparatórios puníveis. Certamente, a princípio, não existem razões que se oponham à sua punição: a preparação de um ato delitivo grave perturba a ordem pública e pode ser penalizada como a própria perturbação. O Código Penal do Reich alemão, depois de sua ampliação mediante o chamado "parágrafo Duchesne" (§ 49a RStGB),[51] previa para os atos preparatórios uma pena de até três, e no máximo cinco anos de prisão (e não de cárcere), o que provavelmente correspondia ao conteúdo do injusto em uma época em que o assassinato era penalizado, com toda naturalidade, com a morte. Esta contenção foi abandonada em 1943 e, desde então, no âmbito geral dos atos preparatórios, rege conforme o § 30 StGB a pena correspondente ao fato planejado, reduzida somente em uma pequena distância vergonhosa.

---

[51] Este preceito, que estabeleceu a criminalização de atos preparatórios antes impuníveis, foi aprovado no contexto do enfrentamento entre a Igreja Católica e Bismarck, chamado Kulturkampf, que houve no final do século XIX, quando um cidadão belga – Duchesne – declarou publicamente estar disposto a matar o chanceler; mais detalhes em JAKOBS, Staatliche Strafe: Bedeutung und Zweck, 2004 (= *A pena estatal*: significado e finalidade, impresso para editorial Civitas), p. 45 e ss (n. do t.).

De maneira perfeitamente equiparável a esta expansão descontrolada, a pena máxima correspondente à criação de uma associação terrorista é de dez anos de prisão, e no caso dos líderes, de quinze anos.

O que no âmbito dos atos preparatórios gerais é, talvez, uma demonstração de negligência do legislador – cabe supor que a pena máxima disponível não é alcançada na prática –, no caso da punição de uma fundação de uma associação delitiva, ou de uma associação terrorista, é plenamente intencional: apesar de que neste campo os atos delitivos levados em consideração podem ter ficado mais ou menos vagos, quer dizer, pode ocorrer também que a perturbação da segurança pública seja perceptível unicamente de modo difuso, são necessárias duras ameaças de pena para evitar escaladas; pois só o Direito Penal – e não o Direito de Polícia, ao qual, na realidade, incumbe-se a defesa frente a riscos – podem transformar em autores os impulsores da associação perigosa, quer dizer, em autores, precisamente, em virtude do § 129a StGB, neutralizando-os – *sit venia verbo* – a continuação através da prisão preventiva e do cumprimento de uma longa pena privativa da liberdade.

O preceito dirigido contra a criação de uma associação terrorista, portanto, é também de Direito de Polícia, na forma jurídico-penal. Da mesma forma que se pode dizer que mais de um dos métodos de investigação levados a cabo em virtude do livro oitavo da primeira seção do Código de procedimento penal não estão completamente orientados para a averiguação de fatos passados – os fatos cometidos, frequentemente, são somente o estopim concreto, e não a razão de fundo das diligências – como a prevenção de atos delitivos ulteriores (de modo manifesto no § 110a, parágrafo 1°, inciso 2° StPO). De maneira equivalente, a causa de ingresso em prisão preventiva do perigo de reiteração delitiva (§ 112a StPO) unicamente pode ser compreendida como defesa frente a riscos de forma jurídico-penal.

É possível lamentar-se destas contaminações jurídico-policiais do Direito Peal, porém não se conseguirá outra coisa – sobretudo depois da decisão-quadro do Conselho – que reafirmar à comunidade dos que já são, de todo modo, crentes. No entanto, também cabe examinar se no momento de se tratar com terroristas – entre outros sujeitos – existem peculiaridades a serem levadas em conta que praticamente transformam em necessidade tal contaminação. Aqui será feita esta análise com a devida brevidade, porém não sem recorrer a alguns fundamentos da teoria do Direito Penal.

2. Expectativas normativas, apoio e orientações cognitivas das pessoas

O fim do Estado de Direito não é a máxima segurança possível para os bens, mas sim a vigência real do ordenamento jurídico e, atualmente, a vigência real de um Direito que torna possível a liberdade. Nesse contexto, a vigência real deve ser tomada como contraposição a uma vigência somente postulada, e não imposta, quer dizer, de uma vigência que não dirige a orientação. Esta contribuição de orientação pode manter-se, inclusive, em caso de se produzir uma violação da norma, a norma serve como esquema de orientação e está de fato em vigor.

Entretanto, a separação entre vigência do ordenamento jurídico e segurança dos bens é somente uma meia verdade; a outra metade refere-se à união de ambos os elementos. Uma expectativa contrafática somente poderá manter-se se não ameaçar seriamente a perda de partes significativas do bem-estar: pois ao contrário, o tratamento do ato injusto, como injusto, é somente uma contribuição para quem tem a expectativa se este tem uma atitude heroica ou de mártir, e são poucos os heróis e mártires. Quanto mais pese um bem, mais seguro estará para que não se rompa a contribuição de orientação da norma correspondente. Esta ruptura se aprecia na transição da orientação desde a expectativa normativa na direção de uma expectativa que já é (somente) cognitiva: recorre-se à autoproteção, por exemplo, não se indo passear em determinados lugares por medo de um assalto, ou acorrentando triplamente a bicicleta por medo de sua subtração. Além disto, um Estado de Direito nem sequer estaria em condições fáticas de tratar violações massivas de normas como atos injustos, pois a coação necessária para a investigação dos fatos e para impor as correspondentes penas é um recurso que, de fato, é demasiado raro.

Portanto, integra a vigência real, diretriz da conduta e do ordenamento jurídico, um apoio cognitivo da norma. Este imprescindível apoio cognitivo, no entanto, a princípio, não é uma prestação do Estado, mas sim dos próprios cidadãos, visto que estes agem e orientam-se cotidianamente com base no Direito. Essa atitude de conduta legal apoia as expectativas normativas que lhe conduzem, inclusive, no caso em que um cidadão cometa um delito: por esta regra geral, isto não tem porque ser entendido como rescisão geral de um comportamento conforme o Direito.[52] Uma vez que a pena tenha esclarecido que sua conduta não é adequada para que a ela se anexem outras, depois de sua execução, na maioria dos casos cabe presumir que volta a existir fidelidade ao ordenamento jurídico. O estabelecimento de regras de conduta (§ 68 StGB) ou, inclusive, a custódia de segurança (§ 66 StGB) são exceções tanto sistemáticas quanto práticas.

No entanto, a expectativa de um comportamento correto não pode ser mantida contrafatualmente de modo ilimitado. Mais ainda: não deve ser mantida ilimitadamente, já que o Estado deve procurar uma vigência

---

[52] GROLMANN mostra uma tendência oposta, Sollte es denn wirklich kein Zwangsrecht zur Prävention geben?, em *Magazin für die Philosophie und Geschichte des Rechts und der Gesetzgebung*, volume I, 1800, p. 241 e ss., 264; aqui citado conforme a reimpressão (parcial) em: VORMBAUM, *Texte zur Strafrechtstheorie der Neuzeit*, volume 1:17. und 18. Jahrhundert, 1993, p. 299 e ss., 307: de acordo com sua opinião, faltaria segurança cognitiva suficiente depois do ato até que todo cidadão "tenha razões para pensar que o princípio do qual surgem perigos para seus direitos (a ausência de vontade conforme o Direito) tenha sido eliminado". Sobre isto, ver JAKOBS, *Staatliche Strafe: Bedeutung und Zweck*, p. 38 e ss.

real do Direito, pelo que deve agir contra as violações do Direito ao perceber tais condutas. Uma expectativa normativa dirigida para uma determinada pessoa perde sua capacidade de orientação quando carece do apoio cognitivo prestado por parte desta pessoa. Neste caso, outra vez, a expectativa normativa é substituída pela orientação cognitiva, o que significa que a pessoa – a destinatária das expectativas normativas – muda para converter-se em fonte de perigo, em um problema de segurança que deve abordar-se de modo cognitivo. Isto não significa que o dever de comportar-se legalmente seja anulado – como é evidente, um dever não se invalida pelo fato de ser continuamente ignorado. No entanto, o que acontece é que já não se espera o cumprimento do dever, a autodeterminação ordenada da pessoa, de modo que desaparece o elemento central de uma personalidade que dê orientação, quer dizer, a presunção da fidelidade ao ordenamento jurídico e, com isto, a "base do negócio jurídico" da livre autodeterminação.[53] Isto se torna trivial se dito através de um exemplo: ninguém continua confiando o serviço de tesoureiro a uma pessoa corrupta. E o que esta simples constatação cotidiana implica o trato com terroristas é percebido imediatamente quando se identifica de modo mais abstrato: o corrupto fica excluído do círculo de pessoas sobre as quais regem expectativas reais em relação à tesouraria, quer dizer, expectativas que regem a orientação. Desta maneira – mesmo que somente desta maneira – ele é considerado uma fonte de perigo. A sabedoria popular dirá "este não é trigo limpo", e isso significa: "abandona-se a expectativa normativa para passar à cognitiva".

---

[53] Isto não é percebido por SCHÜNEMANN quando opina que basta a construção da pessoa enquanto destinatário de direito e deveres (GA 2001, p. 205 a 212): para orientar-se com base no cumprimento do dever é preciso também certa medida de segurança cognitiva.

Cuidar das bases da presunção de uma conduta futura de acordo com a Lei é um dever positivo[54] elementar de todos os cidadãos, pois somente quando esta presunção se mantém fundamentalmente é que se torna possível um tratado tanto livre, como sem medo mútuo entre os cidadãos. Assim, a personalidade real, que rege a orientação, não é gerada pelo simples fato de ser postulada, mas sim, ao contrário, devem concorrer também determinadas condições. Por isso, a proposição "no Direito, todo ser humano tem o direito a ser tratado como pessoa" é incompleta. Além disso, é preciso que se determine quem deve procurar quais condições para converter em realidade esta personalidade, e, nesse contexto, deveria ser evidente que a responsabilidade de um suficiente apoio cognitivo é de dever da própria pessoa, ao menos no que se refere à prestação, amplamente confiável, de fidelidade ao regulamento. Em consequência, a formulação correta da proposição é a seguinte: "todo aquele que é fiel ao ordenamento jurídico com certa confiabilidade tem direito a ser tratado como pessoa",[55] e quem não aplicar esta dis-

---

[54] O conceito de "dever positivo" foi entendido na discussão como, se de acordo com a concepção aqui defendida, o descumprimento de tal obrigação implicará, per se, a realização de um tipo penal. No entanto, esta obrigação não é diferente do dever kantiano de entrar em um estado civil: quem não o cumprir segue sendo um sujeito duvidoso, do qual é necessário afastar-se; não é punível per se, mas a convivência com ele é insuportável. Ver também infra nota 25.

[55] Quer dizer, é possível que se perca (no que se refere ao direito à autodeterminação) o *status* de pessoa, por mais que, seguindo o postulado moderno de igualdade, este status na realidade está aberto a todos. "Entrar" (oferecer segurança cognitiva suficiente) é algo que cada um tem que fazer por si mesmo. A "dignidade pessoal" irrenunciável (KUNZ, em ARNOLD *et al.* [ed.], *Menschengerechtes Strafrecht*, Festschrift für Albin Eser, 2005, p. 1375 a 1391) é consequência de uma opção que deve ser executada! Errônea é a posição de Schneider (*ZStW* 113 [2001], p. 499 a 515), segundo a qual o *status* de pessoa não está mediado pelo social, como se existisse alguma posição prévia à sociedade: se o status de pessoa não fosse uma posição social, seria socialmente irrelevante. Cfr. JAKOBS, em COURAKIS (ed.), *Die Strafrechtswissenschaft im 21. Jahrhundert*, Festschrift für Dionysios Spinellis, volume 1, Atenas, 2001, p. 450 a 460 e ss.

posição, será heteroadministrado, o que significa que não será tratado como pessoa.[56]

Correspondentemente, a finalidade da privação da liberdade ao delinquente de evidente periculosidade, como, por exemplo, no caso do terrorista, é diferente da que ocorre em relação a um delinquente cuja periculosidade ulterior não mostre um grau similar de evidência. No caso normal do delito, a pena é uma espécie de compensação que é executada necessariamente à custa da pessoa do delinquente: a pena é contradição – isso é evidente – é infligir dor, e esta dor é medida de tal modo que o apoio cognitivo da norma infringida não sofra pelo fato cometido.[57] Tanto a contradição como a dor se pré-configuram no plano dogmático jurídico-penal no conceito de culpabilidade.[58] Para a pena adequada à culpabilidade, bastará que o ato se conceba com caráter geral, a causa da pena, como empresa fracassada. Em particular, não se trata de intimidar a outros sujeitos que poderiam tender a cometer o ato, pois essa tendência, pela regra geral, não é de responsabilidade do autor.

A transposição deste modelo – que como modelo de caso normal provavelmente não seja somente próximo à dura realidade, mas também igualmente a uma situação idílica imaginada – não é suficiente no caso de adversários cuja atitude é, por princípio, hostil e que são ativos, quer dizer, entre outros casos, o caso dos terroristas. Pois

---

[56] Os juristas estão acostumados a ocupar-se do normativo, por isso não surpreende que, em uma espécie de prepotência normativista, tendam a relegar a um segundo plano as condições da realidade do Direito. Em caso normal, isso possivelmente não tenha consequências negativas, já que ou as condições contribuem sem dúvida alguma, ou a sua ausência se manifesta em forma de pequenas fissuras, como no exemplo do corrupto que mencionado anteriormente. Porém, em casos excepcionais, essa falta de consideração conduz à transição da realidade do Direito à nebulosidade dos postulados, desde os quais, com certeza, pode-se criticar magnificamente essa realidade do Direito; porém, isso sim, sem isso ele tenha consequência alguma.

[57] JAKOBS (nota 5), p. 31 e s.

[58] JAKOBS, *Schuld und Prävention*, 1976, *passim*.

com completa independência da questão de qual é a culpabilidade, ao menos daquele terrorista que foi socializado em uma cultura hostil àquela aqui existente – uma pergunta que mal foi discutida até o momento –, no caso de todo o terrorista (referindo-se a todo inimigo), trata-se de compensar um déficit existente na segurança cognitiva.[59] De qualquer forma, o que é certo é que não ocorrerá naturalmente, mas sim mudando o próprio terrorista, ou, mais ainda, suas circunstâncias vitais, sob coação, com o objetivo de se alcançar tal finalidade. É a aplicação da coação para mudar a vida de outros é incompatível, por definição, com seu reconhecimento como pessoa, na medida em que se use a coação. Desde um ponto de vista prático, o mais relevante será o asseguramento frente ao autor, através de uma custódia de segurança identificada como tal, mediante uma pena privativa da liberdade que garanta o asseguramento, quer dizer, que seja correspondentemente extensa. Este último – junto com a intimidação *tout court* – é uma das razões das elevadas penas que se colocam contra a fundação de uma associação terrorista. Essas penas não podem ser explicadas através daquilo que tenha acontecido – se afetou a segurança pública, porém até o momento não gerou de fato uma lesão –, mas com base somente no perigo existente.

Resumindo o que foi dito até o momento em relação a esta evolução, que não é precisamente nova: o Direito Penal dirigido especificamente contra terroristas[60] tem, no

---

[59] O contraponto entre "indenização *versus* garantia" ou "vigência da norma *versus* ordem cognitiva" se propõe em termos de tipo ideal, e a pretensão de identificar com precisão a transição de um ao outro seria simplesmente ingênua. "Claro" e "escuro" seguem sendo conceitos unívocos, ainda que se possa discutir a qual deles será atribuída a característica do crepúsculo.

[60] Na medida em que o terrorista é considerado uma fonte de perigo a tratar cognitivamente, esse Direito Penal não é um Direito que o inclua, mas segue sendo Direito na medida em que o vincula a todos os demais enquanto pessoas; cfr. JAKOBS, em ESER *et al.* (ed.), *Die deutsche Strafrechtswissenschaft vor der Jahrtausendwende*, 2000, p. 47 a 53; contrariamente: CANCIO MELIÁ, ZStW 117 (2005), p. 267 a 282 e ss. (*contradictio in adiecto*).

entanto, mais o comprometimento de garantir a segurança do que o de manter a vigência do ordenamento jurídico, como cabe inferir do fim da pena e dos tipos penais correspondentes. O Direito Penal do cidadão e a garantia da vigência do Direito mudam para converter-se em – agora vem o termo anatemizado – Direito Penal do inimigo,[61]

---

[61] Os posicionamentos frente o conceito são todos de rejeição, porém com as mais diversas fundamentações, quando existem. Em parte, inicia-se por não compreender a relação entre regra (Direito Penal do cidadão) e exceção (Direito Penal do inimigo). Assim, Schünemann, por exemplo, integra o Direito Penal do inimigo a um Direito Penal do cidadão que não é mais que nominal: "Se se quer, todo o delito é um ato hostil" (nota 6, p. 205 a 211). Desta perspectiva, a antecipação das barreiras de punição não supõe problema algum: o Estado castiga "no lugar... em que se encontram os "comutadores coletivos". Em relação ao procedimento, é preciso se organizar de modo que "possa conduzir ao esclarecimento do fato", embora não seja claro a razão de SCHÜNEMANN estar tão seguro de que, apesar de tal efetividade, o imputado "seguirá desfrutando de todos os direitos civis" (ibidem). No entanto, o que é simplesmente incompreensível é que, precisamente, desde uma perspectiva tão vigorosa, se censure a posição aqui defendida, que eluda determinadas necessidades de legitimação (p. 212): de acordo com a posição de SCHÜNEMANN, não há este tipo de necessidade (talvez com a exceção de alguma ou outra ponderação), pois aquilo que carece de conceito, não tem necessidade de apreender conceitualmente nada. A contrapartida transcendente à densa imanência de SCHÜNEMANN é feita por PAEFGEN (*Nomos Kommentar zum Strafgesetzbuch*, 1ª ed., atualizado em agosto de 2001, n.m. 212 prévio em § 32). "Lembra pensamentos teológicos, quando seres humanos perdem sua salvação (da alma) por causa de seus atos, tanto neste, como no outro mundo". Não parece este o lugar mais adequado para manifestações sobre o além. No que se refere a este mundo, tais argumentos não contradizem a constatação de que não é possível viver em paz com o inimigo. O coro – para seguir a imagem civil-religiosa – de PAEFGEN é feito por SCHNEIDER: o conceito de pessoa como o absoluto. Sobre isso ver supra nota 10. Com esta falta evidente de teoria e a ausência de argumentos consistentes que dela derivem, tampouco faltam acusações de nazismo – como se podia esperar – acusações de nazismo: primeiro ESER (em: idem, supra nota 55, p. 445), logo PAEFGEN (loc. cit.), complementados pelos totalitarismos de Pol Pot e Stalin; HAMM, em: RODE *et al.* (ed.), *Neue Lust auf Strafen*, 2005, p. 105 a 114; Düx, *ZRP* 2003, p. 189 a 194 e ss. Parece claro que acontece como quando olhamos no espelho e a imagem que vemos não nos agrada: tem que ser outra! Sobre o posicionamento que mescla regra e exceção veja também PRITTWITZ, *ZStW* 113 (2001), p. 775 a 795 ("volta resignada e combativa"); LÜDERSSEN, em CANARIS *et al.* (ed.), *50 Jahre Bundesgerichtshof*, t. IV, ed. por ROXIN *et al*, 2000, p. 883 a 909 ("característica misantrópica" – como se não fosse certo que, até mesmo para KANT, o ser humano é feito de madeira torta). Contra todo o Direito de exceção JAHN, *Das Strafrecht des Staatsnotstandes*, 2004, p. 234 e ss. Na medida em que se percebe o estreito vínculo do Direito Penal do cidadão ao Estado de Direito estabelecido pela perspectiva aqui defendida (SCHULZ,

em defesa frente a um risco.[62] Desta maneira, responde-se também à questão colocada no início: a "luta" contra o terrorismo não é somente uma palavra, mas sim um conceito. Trata-se de uma empresa contra inimigos.

ZStW 112 [2000], p. 653 a 662; KUNZ, supra nota 10, p. 1375 a 1388; idem SCHW ZStr 122 [2004], p. 234 a 241; APONTE, Krieg und Feindstrafrecht. *Überlegungen zum "effizienten" Feindstrafrecht anhand der Situation in Kolumbien*, 2004, p. 192 a 350 e *passim*), a crítica deixa de lado as condições de realidade da pessoa, que não são cumpridas pelo inimigo (ver supra nota 53 e texto correspondente).

[62] Sobre o Direito Penal do inimigo como defesa frente a riscos, ver JAKOBS, ZStW 97 (1985), p. 751 a 783. (idem em *Estudios de Derecho penal*, 1997, p. 293 e ss); idem (nota 13), p. 51 e ss; idem em Hsu/Yu-hsiu (ed.), Foundations and Limits of Criminal Law and Criminal Procedure (Libro homenaje Hung), Taipei, 2003 (= JAKOBS, em JAKOBS/CANCIO MELIÁ, *Derecho penal del enemigo*, 1ª ed., 2003), p. 41 e ss (coincidindo no essencial: idem, HRRS 3/2004); idem (nota 7), p. 40 e ss.

3. É legítimo um Direito Penal do inimigo?

É legítimo um Direito Penal do inimigo? E, se respondermos afirmativamente: até que ponto? Antes de qualquer tentativa de resposta, é preciso esclarecer duas questões. Em primeiro lugar, o Estado não tem porque colocar em jogo, de forma negligente, a sua configuração. Quando se fala em Direito Penal do inimigo, isto não significa "Lei do menor esforço", "penas por meros indícios ou suspeitas" ou, inclusive, "esquartejamento público para intimidação", ou coisas similares (ainda que isso, obviamente, não resolva o problema de como fazer a delimitação). Em segundo lugar, a inferência de uma resposta à questão da legitimidade do conceito abstrato de Estado de Direito carece de valor. A constatação de que um Estado que não reconhece a custódia de segurança, que castiga a fundação de uma associação terrorista, exclusivamente, enquanto delito contra a ordem pública, que são alheios à incomunicabilidade, às numerosas escutas, aos agentes secretos e a muitos outros instrumentos, aproxima-se mais ao ideal de um Estado de Direito do que um que permita tais instituições e medidas é somente uma constatação que se pode fazer en abstracto; por outro lado, en concreto é possível que a renúncia a estas instituições anule o conteúdo do direito do cidadão à segurança,[63] e esse direito à segurança é outra denominação do direito do estado de vigência real do Direito. Paralelamente ao que se expôs em relação ao conceito de pessoa, e também ao da vigência do Direito, tampouco um Estado de Direito é real por ser pensado, postulado; e aqueles que defendem a posição de que no Estado de Direito sempre tudo deve se converter em realidade, sem concessões,[64] deveriam saber que aquele "tudo", na verdade, vem acompanhado de um "ou nada".

Mantendo-se longe de tais extremos, tratamos aqui do alcançável, do ótimo na prática, o que significa que o Direito Penal do inimigo deve ser limitado ao necessário, e isso com completa independência do mandato racional preexistente de limitar a violência física, por seus efeitos secundários corruptores. Porém, o que é necessário? Em primeiro lugar, é preciso privar o terrorista precisamente daquele direito do qual seus planos abusam, quer dizer, especificamente, o direito à liberdade de conduta. Desta maneira, a situação não é diferente da de custódia de segurança, ainda que, no âmbito desta instituição, de maneira geral, esta privação pareça suficiente – quando o autor de uma série de ações delituosas é custodiado de modo seguro, a série é interrompida –, enquanto que, por um lado, certamente é pouco frequente que o autor terrorista esteja isolado e, por outro, a associação terrorista

---

[63] Fundamental ISENSEE, *Das Grundrecht auf Sicherheit. Zu den Schutzpflichten des freiheitlichen Verfassungsstaates*, 1983, p. 34 e ss., *passim*; idem, em idem *et al.* (ed.), *Handbuch des Staatsrechts*, volume V, Allgemeine Grundrechtslehren, 1992, § 111 nm 137 e ss.

[64] JAHN (nota 14), p. 21, 244, 417, 428, ss e *passim*, resumidamente, p. 603 e ss. Na discussão foi dito que até mesmo um "Hitler" deve ser julgado em um processo que cumpra com as exigências de um Estado de Direito, sendo tratado como pessoa, e não como inimigo. É fácil fazer esta afirmação sessenta anos *ex post*, porém ela lança uma luz, ou melhor, uma escuridão sobre aqueles que, naquele momento, realmente entenderam que ninguém merece nada menos que aquilo. O que acontece é que uma coisa é neutralizar o inimigo (ou, pelo menos, tentar), e outra é ser pródigo a posteriori, com as garantias próprias do Estado de Direito frente a um inimigo neutralizado já há muito tempo.

(ou outra organização criminal) não será desmembrada quando se neutraliza um membro isoladamente. Portanto, no caso da custódia de segurança, é fácil limitar-se à privação da liberdade, pois não é preciso nada mais para que se atinja o objetivo buscado. Porém, no caso do terrorista (ou outro sujeito criminalmente organizado), esta limitação não é evidente, como é possível perceber através do exemplo que é, provavelmente, o caso mais delicado: o interrogatório além dos limites estabelecidos no § 136a StPO. O fato de que este caso afeta uma problemática do direito de polícia não é empecilho: é impossível excluí-lo do Direito Penal do inimigo.

Aproximo-me deste problema através de um novo regulamento legal que – independentemente do resultado que obtenha em um exame de constitucionalidade – caracteriza o atual "clima" intelectual das reflexões neste campo e cuja força explosiva sistemática dificilmente poderá ser subestimada: o § 14, parágrafo 3º da Lei de Segurança Aérea, de acordo com o qual é lícito abater uma aeronave "que pretenda ser usada para atentar contra vidas humanas". A força explosiva deste preceito[65] deriva da circunstância de que somente apresenta um objeto de regulação com sentido se – como até o momento apenas sucedia no caso do direito de resistência em virtude do artigo 20, parágrafo 4º GG[66] – é lícito assumir "danos colaterais" (como são denominados na linguagem militar). Exemplificando: a morte de passageiros que, de nenhuma maneira, podem ser atos responsáveis do conflito.

Desta forma se despersonalizam estas vítimas civis, pois elas são privadas de seu direto à vida em favor de outros. Na bibliografia tenta-se evitar esta monstruosida-

---

[65] Cfr. a respeito MERKEL, no semanário Die Zeit, edição de 08/07/2004; PAWLIK, JZ 2004, p. 1045 e ss; SINN, NStZ 2004. p. 585 e ss; HARTLEB, NJW 2005, p. 1397 e ss.

[66] JAKOBS, Strafrecht. Allgemeiner Teil. *Die Grundlagen und die Zurechnungslehre*, 2ª ed., 1991, 15 / 4.

de interpretando o sacrifício da vida como uma contribuição pessoal, o cumprimento de um dever de cidadão, na zona mais extremada de tais deveres.[67] Esta interpretação é incontestável como esboço teórico; no estado de Rousseau, seria evidente. Porém, em uma sociedade que concebe o Estado como instrumento da administração da felicidade dos cidadãos individuais, não cabe que alguns devam sacrificar-se, renunciando, assim, a todas suas expectativas de felicidade. Em tal sociedade, o Estado perde sua personalidade ao exigir este sacrifício de sujeitos não responsáveis.

Portanto, se o Estado, em caso de extrema necessidade, inclusive frente a seus cidadãos que são responsáveis por ela, não conhece tabu algum,[68] mas sim faz o necessário, menos ainda poderão ser impostos tabus no âmbito das medidas para se evitar essa extrema necessidade dirigida contra terroristas. Em outras palavras, contra aqueles que geram a situação de necessidade, ao menos dentro do necessário: esta é a força sistemática explosiva do preceito.

Na prática, isso conduzirá a que aqueles terroristas cuja intervenção, ao menos no planejamento (§ 129a StGB), tenha ficado comprovada, serão obrigados a revelar grandes riscos, inclusive além dos limites traçados pelo § 136a StPO. E mais do que isso: devem ser obrigados, tendo em vista que o Estado, em virtude de seu dever de proteção,[69] não deve renunciar a nenhum instrumento cuja aplicação seja lícita e esteja racionalmente indicada. Para isso, certamente se desfazem os limites entre persecução penal e defesa frente a riscos. A licitude não é outra coisa que a contrapartida do dever derivado da ingerência do terrorista o de seu dever de denunciar o delito (§ 138a StGB).

---

[67] PAULIK (nota 20), p. 1052 e ss; crítico a respeito: HARTLEB (nota 20), p. 1400.

[68] MERKEL, como na nota 65.

[69] ISENSEE, como na nota 63.

Certamente, não se impõe obrigatoriamente o cumprimento destes deveres no processo penal,[70] porém isso não tem relevância em um caso excepcional. Que o Estado, neste caso excepcional, deva deixar que o próprio terrorista decida em plena "liberdade de formação e exercício da vontade" (§ 136a StPO) sobre o cumprimento de seus deveres, enquanto tenha o dever de matar sujeitos não responsáveis para evitar, em caso de necessidade, um dano muito grave: esta seria uma conclusão deveras incoerente.[71] Tampouco significa que, além dos limites do § 136a StPO, comece diretamente o campo dos métodos de tortura plenamente inaceitáveis. Se a prisão preventiva por risco de ocultação durante meses, ou inclusive mais tempo, não é óbice para a "liberdade" de uma declaração, o § 136a StPO não pode ser a última palavra para todos os casos. Outra questão completamente distinta é se a inteligência proíbe fazer uso de tudo o que é possível. Talvez o risco seja demasiadamente grande; não entrarei nesta questão neste momento.

---

[70] A razão disto está em que o imputado é responsável por sua defesa, para que sua convicção também possa apresentar-se como sua "quebra de defesa", e não somente como uma construção estatal; a respeito PAWLIK, GA 1998, p. 378 e ss, 380 e ss; LESCH, ZStW 111 (1999), p. 624 e ss, 636 e ss.

[71] O argumento – que por si só é frágil – de que os passageiros do avião somente perderiam uma parte mínima de suas vidas fracassa neste ponto: se é possível impedir que o voo aconteça, permaneceria uma parte não limitada. Desta forma coincide com a posição aqui adotada OTTO, JZ 2005, p. 473 a 480.

4. A punição ao terrorista como direito de exceção

No âmbito das questões tratadas até o momento, a exclusão do terrorista é autoexclusão:[72] converteu-se a si próprio em terrorista, ou deixou de cumprir seus deveres de outro modo, e por isso é heteroadministrado dentro do necessário. Desde o ponto de vista do Estado de Direito, este âmbito é menos delicado, já que o terrorista pode minimizar a heteroadministração mediante cooperação, ao menos a princípio. É muito mais escandaloso em termos de Estado de Direito quando se recorre a um terrorista para a defesa frente a riscos que não partem dele. Esse é o caso, particularmente, quando se impõe uma pena com objetivos de prevenção geral negativa, quer dizer, por exemplo, quando o terrorista é penalizado com extrema dureza pela sua participação em uma associação terrorista (§ 129a StGB) unicamente com o objetivo de intimidar outros partícipes, sendo assim, portanto, heteroadministrado não pela sua periculosidade, mas sim pela tendência delitiva de outras pessoas. Em outras palavras: quando é

---

[72] JAKOBS (nota 55), p. 461 e ss. Em todo caso, isso se refere aos pontos aqui tratados: a ordem oferece uma possibilidade de integração da qual uma pessoa potencial não faz uso sem mostrar uma alternativa preferível (sem que aqui se possa expor os critérios para tal) e por razões que devem ser atribuídas a ela mesma. Em termos Kantianos, de quem não se admite ser colocado em uma Constituição Civil, é preciso que se separe "pela ilegalidade de seu estado (*status iniustu*)" (*Zum ewigen Frieden*, em WEISCHEDEL [ed.], Immanuel Kant, *Werke in sechs Bänden*, volume VI, 1964, P. 191 a 203).

tratado não como pessoa potencial, mas sim como parte do coletivo dos inimigos. Por isso, em nada afeta o problema específico do Direito Penal dirigido contra terroristas, mas sim, com caráter geral, gera consequências à teoria da pena, na qual não somente a prevenção geral negativa, mas também muitos elementos da prevenção especial, são mais próximos do inimigo do que habitualmente costuma-se pensar.

Voltemos ao terrorista: sua punição, muito antes da produção de lesões ou seu duro interrogatório, não se encaixa em um Estado de Direito perfeito. Porém, tampouco se enquadra aí o abatimento de um avião de passageiros. Ambas as situações pertencem ao direito de exceção, da mesma maneira que foi criada a incomunicação como Direito de exceção, a princípio, inclusive, *praeter legem*, o que, além de tudo, mostra que o Estado não pode fugir do dilema renunciando a regulamentação: a exceção se produzirá de qualquer maneira, mesmo sem sua intervenção, e logo aparecerá o Direito que se adapte a ela.

Entretanto, quando o Estado estabelece uma regulamentação, deveria distinguir com clareza entre aquilo que está dirigido somente ao terrorista ou outro sujeito que dissinta ativamente e de modo grave e permanente, e aquele que também se dirige ao cidadão, visto que ao contrário, o Direito Penal do inimigo contamina o Direito Penal do cidadão. Porém, essa separação de esferas pressupõe que o Estado possa identificar e lidar abertamente com aqueles autores, em diferenciação dos que – ao menos em um âmbito de grande importância – não se possa manter a presunção de uma conduta que esteja de acordo com o Direito como o que são, quer dizer, como inimigos, ao menos setoriais. Até dez anos de pena de privação da liberdade simplesmente por pertencer a uma organização terrorista, a serviços secretos, implantar escutas indiscriminadas, ou a prisão preventiva por risco de reiteração delituosa, e outros fatos, não são per se ataques ao Estado de Direito, mas sim, somente serão assim considerados se vierem disfarçados de um Direito Penal do cidadão e da culpabilidade, ou de processo penal ordinário. No entanto, quem somente reconhece – *sit venia verbo* – o Estado de Direito permanente com bons olhos, induz o Estado real a encobrir as exceções irremediáveis para sua sobrevivência em um mundo desonesto, como regras, esmaecendo os limites entre o que é regra e o que é exceção. Em outras palavras, o Estado de Direito imperfeito se representa como perfeito através de um léxico ideológico. Esta subestimação da complexidade da realidade estatal é perigosa, visto que obstrui a visão de quando o Direito Penal está sobre o solo seguro do Direito Penal do inimigo, e quando está sobre o terreno movediço do Direito Penal do inimigo.

Voltando novamente à questão proposta no início: pode-se conduzir uma guerra contra o terror com os meios de um Direito Penal próprio de um Estado de Direito? Um Estado de Direito que abarque tudo não poderia conduzir essa guerra, pois teria que tratar seus inimigos como pessoas, e, correspondentemente, não poderia tratá-los como fontes de perigo. Na prática, as coisas são diferentes no Estado de Direito ótimo, e isso lhe dá a possibilidade de não ser atingido por ataques de seus inimigos.[73]

---

[73] No dia 15/02/2006, o Tribunal Constitucional Federal declarou inconstitucional a regulação do § 14.3 da Lei de Segurança Aérea. Isso não modifica o "clima" que no texto supra 3 foi descrito como elemento determinante da discussão.

— III —

De novo: "Direito Penal" do Inimigo?

MANUEL CANCIO MELIÁ

1. Introdução

Simplificando bastante para tentar esboçar os traços básicos do quadro, pode-se afirmar que nos últimos anos os ordenamentos penais do «mundo ocidental» têm começado a experimentar um desvio que os conduz, de uma posição relativamente estática, dentro do núcleo duro do ordenamento jurídico – em termos de tipo ideal: um núcleo duro no qual iam se fazendo adaptações setoriais com todo cidadão, e no qual qualquer mudança de direção era submetida a uma intensa discussão política e técnica prévia – na direção de um lugar arriscado na vanguarda do dia a dia jurídico-político, introduzindo-se novos conteúdos e reformando-se setores de regulação já existentes com grande rapidez, de modo que os assuntos da confrontação política cotidiana chegam em prazos cada vez mais breves também ao Código Penal.

As mudanças frente à *praxis* político-criminal, habituais até o momento, não só se referem aos tempos e às formas, mas também os conteúdos vão alcançando paulatinamente tal grau de intensidade que se impõe formular a suspeita – com a vênia de Hegel – de que assistimos a uma mudança estrutural de orientação. Este câmbio cristaliza, de modo especialmente chamativo – como aqui se tentará mostrar – no conceito do «Direito Penal do inimigo», cuja discussão foi recentemente (re)introduzida por

Jakobs,[74] de modo um tanto macabra *avant la lettre* (das consequências) de 11 de setembro de 2001.

No presente texto, pretende-se examinar, com toda brevidade, este conceito de Direito Penal do inimigo, para averiguar seu significado para a teoria do Direito Penal e avaliar suas possíveis aplicações político-criminais. Por isso, em um primeiro passo, tentar-se-á esboçar a situação global da política criminal da atualidade (*infra* II). A seguir, poderão ser abordados o conteúdo e a relevância do conceito de Direito Penal do inimigo (*infra* III), sobretudo desde a perpectiva da teoria da prevensão geral positiva.

A tese a que se chegará é que o conceito de Direito Penal do inimigo supõe um instrumento idôneo para descrever um determinado âmbito, de grande relevância, do atual desenvolvimento dos ordenamentos jurídico-penais. Entretanto, como Direito positivo, o Direito Penal do inimigo só integra nominalmente o sistema jurídico-penal real: «Direito Penal do cidadão» é um pleonasmo; «Direito Penal do inimigo», uma contradição em seus termos.

---

[74] Cfr. JAKOBS, em: Consejo General del Poder Judicial/Xunta de Galicia (ed.), *Estudios de Derecho judicial* n. 20, 1999, p. 137 e ss. (= *La ciencia del Derecho penal ante las exigencias del presente*, 2000); idem, em: ESER/HASSEMER/BURKHAR-DT (ed.), *Die Deutsche Strafrechtwissenschaft vor der Jahrtausendwende*. Rückbesinnung und Ausblick, 2000, p. 47 e ss., 51 e ss. (= em MUÑOZ CONDE. *La ciencia del derecho penal ante el nuevo milenio*, 2004, p. 53 e ss.); vid. também idem, Sobre la normativización de la dogmática jurído-penal, 2003, p. 57 e ss; idem em HSU/YU – HSTU (ed.), *Fundations and limits of criminal law and criminal procedure* (libro homenaje HUNG), Taipei, 2003 (= *derecho penal del ciudadano y derecho penal del enemigo*, em JAKOBS/CANCIO MELIÁ, *Derecho penal del enemigo*, 2003, = supra na presente publicação), p. 41 e ss.) coincidindo no essencial: HRRS 3/2004 – http:\\www.hrr-strafrecht.de\); idem Staatlichestrafe: bedeutung und zweck, 2004 (*a pena estatal*: significado e finalidade, no prelo para a ed. Civitas), p. 40 e ss; idem, Terroristen als personen in recht? (manuscrito no prelo para *ZStW* 117 [2005] fasc. 4; = supra na presente publicação: *terroristas como pessoas em direito?*); o conceito foi introduzido pela primeira vez por Jakobs no debate em seu escrito publicado em *ZStW* (1985), p. 753 e ss. (= *Estudios de Derecho penal*, 1997, p. 293 e ss.): cfr. também idem, Strafrecht. Allgemeiner Teil. *Die Grundlagen und die Zurechnungslebre*, 2ª ed., 1991 (= *Derecho penal*, Parte General. Los fundamentos y la teoría de la imputación, 1995), 2/25.c.

2. Sobre o estado atual da política criminal. Diagnóstico: a expansão do Direito Penal

2.1. Introdução

As características principais da política criminal praticada nos últimos anos podem resumir-se no conceito da «expansão» do Direito Penal.[75] Efetivamente, no momen-

---

[75] Um termo que tem utilizado SILVA SÁNCHEZ em uma monografia, de grande repercussão na discussão – apesar de que a data de publicação é recente –, dedicada a caracterizar, em seu conjunto, a política criminal das sociedades pós-industriais (*La expansión del Derecho penal*. Aspectos de la política criminal en las sociedades postindustriales, 1ª edição, 1999, 2ª edição, 2001, *passim*); acerca da evolução geral da política criminal nos últimos anos, cfr. também as exposições críticas dos autores da escola de Frankfurt recolhidas em: Institut für Kriminalwiessenschaften Frankfurt a. M. (ed.), *Vom unmöglichen Zustand des Strafrechts*, 1995 (= *A insustentável situação do Direito Penal*, 2000); cfr. também as contribuições reunidas em LÜDERSSEN (ed.), *Aufgeklärte Kriminalpolitik oder Kampf gegen das Böse?*, cinco tomos, 1998. Desde logo, são os estudos traçados desde essa perspectiva teórica dos que em muitos casos tenham contribuído a pôr em marcha a discussão; cfr. também a crítica de SCHÜNEMANN, GA 1995, p. 201 e ss. (= *ADPCP* 1995, p. 187 e ss.); a respeito, vid., também, por todos, a análise crítica do potencial da aproximação «pessoal» à teoria do bem jurídico – essencial nas construções dos autores de Frankfurt – desenvolvido por MÜSSIG, RDPCr 9 (2002), p. 169 e ss. (= *Desmaterialização do bem jurídico e os fundamentos de uma teoria do bem jurídico crítica em relação ao sistema*, 2001, *passim*). Na bibliografia espanhola mais recente, cfr. só os trabalhos de SÁNCHEZ GARCÍA DE PAZ, *El moderno Derecho penal y la anticipación de la tutela penal*, 1999, *passim*; MENDONZA BUERGO, El derecho penal em la sociedade de riesgo, 2001, passim; ZÚNIGA RODRÍGUEZ, *Política criminal*, 2001, p. 252 e ss. Desde outra perspectiva, mais ampla no tempo, vid. A análise da orientação sociológica acerca da expansão como lei de evolução dos sistemas penais feito por MÜLLER-TUCKFELD, *Integrationspräention*. Studien zu einer Theorie der gesellschafilichen Funktion des Strafrechts, 1998, p. 178 e ss., 345. Adota uma posição político–criminal de orientação completamente divergente da das vo-

to atual pode ser adequado que o fenômeno mais destacado na evolução atual das legislações penais do «mundo ocidental» está no surgimento de múltiplas figuras novas, inclusive, às vezes, do surgimento de setores inteiros de regulação, acompanhada de uma atividade de reforma de tipos penais já existentes, realizada a um ritmo muito superior ao de épocas anteriores.

O ponto de partida de qualquer análise do fenômeno, que pode denominar-se a «expansão» do ordenamento penal, está, efetivamente, em uma simples constatação: a atividade legislativa em matéria penal, desenvolvida ao longo das duas últimas décadas nos países de nosso entorno tem colocado, ao redor do elenco nuclear de normas penais, um conjunto de tipos penais que, vistos desde a perspectiva dos bens jurídicos clássicos, constituem hipóteses de «criminalização no estado prévio» a lesões de bens jurídicos,[76] cujos marcos penais, ademais, estabelecem sanções desproporcionalmente altas. Resumindo: na evolução atual, tanto do Direito Penal material, como do Direito Penal processual, pode constatar-se tendências que, em seu conjunto, fazem aparecer no horizonte político-criminal os traços de um «Direito Penal da colocação em risco»[77] de características antiliberais.[78] Simplificando

---

zes críticas antes citadas – como já mostra de modo eloquente o título – agora GRACIA MARTÍN, *Prolegómenos para la lucha por la modernización y expansão del Derecho penal y para a crítica del discurso de resistencia*. À la vez, una hipótesis de trabajo sobre el concepto de Derecho penal moderno en el materialismo histórico del orden del discurso de la criminalidad, 2003; vid, também, relativizando a justificação do discurso globalmente crítico, recentemente POZUELO PÉREZ, *RDPP*, 9 (2003), p. 13 e ss.

[76] Cfr. JAKOBS, ZStW, 97 (1985), p. 751.

[77] Sobre este conceito exaustivamente HERZOG, *Gesellschafiliche Unicherheit und strafrechliche Daseinsfüsorge*, 2001, p. 50 e ss.

[78] Vid., por exemplo, HASSEMER, em: PHILIPPS et al. (ed.), *Jenseits des Funktionalismus*. Arthur Kaufmann zum 65. Guburtstag, 1989, p. 85 e ss. (p. 88); idem em: JUNG/MÜLLER-DIETZ/NEUMANN (ed.), *Recht und Moral*. Beiträge zu einer Standortbestimmung, 1991, p. 329 e ss.; HERZOG, *Unischerheit* (nota 4), p. 65 e ss.; ALBRECHT, em: Institut für Kriminalwissenschaften Frankfurt a. M. (ed.), *Zustand des Strafrechts* (nota 2) p. 429 y ss.

muito, provavelmente em excesso, este é um primeiro ponto de partida da situação político-criminal[79] que cabia situar temporalmente nos anos 80 do Século XX e que suscita o que poderia denominar-se a própria crise do Estado Social em matéria criminal. Como se tentará expor a seguir, entretanto, esta problemática expansiva que poderia resumir-se na ideia do "Direito Penal do risco" não é a única: na evolução mais recente existem outros fenômenos de expansão que acrescentam características distintas a esse quadro político-criminal de partida.

2.2. Os fenômenos expansivos

Em primeiro lugar, trata-se de esboçar uma imagem mais concreta desta evolução político-criminal atual. Desde a perspectiva aqui adotada, este desenvolvimento pode resumir-se em dois fenômenos: o chamado «Direito Penal simbólico» (*infra* 2.2.1) e o que se pode denominar «ressurgir do punitivismo» (*infra* 2.2.2). Em todo caso, deve sublinhar-se, desde logo, que estes dois conceitos só identificam aspectos fenotípicos-setoriais da evolução global e não aparecem de modo clinicamente «limpo» na realidade legislativa (*infra* 2.2.3). Ambas as linhas de evolução, a «simbólica» e a «punitivista» – esta será a tese a expor aqui –, constituem a linhagem do Direito Penal do inimigo. Só considerando esta filiação na política criminal moderna poderá apreender-se o fenômeno que aqui interessa (no qual se entrará *infra* 3).

2.2.1. O Direito Penal Simbólico

Particular relevância diz respeito, em primeiro lugar, àqueles fenômenos de neocriminalização a respeito dos quais se afirma, criticamente, que tão só cumprem efeitos

---

[79] Cfr. Recentemente o quadro traçado por Díez Ripollés, em: BACIGALUPO-CANCIO MELIÁ, (Ed.) *Derecho penal y política transnacional*, 2005, p. 243 e ss.

meramente «simbólicos».[80] Como tem assinalado Hassemer, desde o princípio desta discussão, quem relaciona o ordenamento penal com elementos «simbólicos» pode criar a suspeita de que não considera a dureza muito real e nada simbólica das vivências de quem se vê submetido à persecução penal, detido, processado, acusado, condenado, encarcerado.[81] Isto é, aqui surge, imediatamente, a ideia de que se inflige um dano concreto com a pena, para obter efeitos um pouco mais que simbólicos. Portanto, para se poder abordar o conceito, há que recordar, primeiro, até que ponto o moderno princípio político-criminal de que só uma pena socialmente útil pode ser justa, tenha sido interiorizado (em diversas variantes) pelos participantes no discurso político-criminal. Entretanto, apesar desse postulado (de que se satisfaz um fim, com a existência do sistema penal, que se obtém um resultado concreto e mensurável, ainda que só seja – no caso das teorias retributivas – a realização da justiça), os fenômenos de caráter simbólico fazem parte, de modo necessário, do entrelaçamento do Direito Penal, de maneira que, na realidade, é incorreto o discurso do «Direito Penal simbólico» como fenômeno estranho ao Direito Penal. Efetivamente: desde perspectivas bem distintas, desde a «criminologia crítica» – e, em particular, desde o assim chamado enfoque do *labeling approach*[82] – que dá importância às condições da atribuição social da categoria «delito», até a teoria da prevenção geral positiva, que entende delito e pena como se-

---

[80] Vid., sobre esta noção, por todos, as amplas referências e classificações contidas em *VOß, Symbolische Gesetzgebung. Fragen zur Rationalität von Strafgesetzgebungsakten*, 1989, passim; cfr. também, mais sucintamente, SILVA SÁNCHEZ, *Aproximación al Derecho penal contemporáneo*, 1992, p. 304 e ss.; PRITIWITZ, *Strafrecht und Risiko. Untersuchungen zur Krise von Strafrecht und Kriminalpolitik in der Risikogeselshaft*, 1993, p. 253 e ss.; SÁNCHEZ GARCÍA DE PAZ, *Antecipación* (nota 2), p. 56 e ss.; DÍEZ RIPOLLÉS, AP 2001, p. 1 e ss. (= ZStW 113 [2001], p. 516 e ss.), todos com referências ulteriores.

[81] NStZ, 1989, p. 553 e ss. (PeE 1 [1991], p.23 e ss.).

[82] Vid. por todas as referências em *VOß, Symbolische Gesetzgebung* (nota 6), p. 79 e ss.

quência de posicionamentos comunicativos a respeito da norma:[83] os elementos de interação simbólica são a mesma essência do Direito Penal.[84] Então, o que quer dizer-se com a crítica ao caráter simbólico, se toda a legislação penal, necessariamente, possui características que se podem denominar de «simbólicas»? Quando se usa em sentido crítico o conceito de Direito Penal simbólico, quer-se, então, fazer referência a que determinados agentes políticos tão só perseguem o objetivo de dar a «impressão tranquilizadora de um legislador atento e decidido»,[85] isto é, que predomina uma função latente sobre a manifesta, ou dito em uma nova formulação, que há uma discrepâcnia entre os objetivos invocados pelo legislador – e os agentes políticos que conformam as maiorias deste – e a "agenda real" oculta sob aquelas declarações expressas.[86]

Na "parte especial" deste direito penal simbólico corresponde especial relevância – por mencionar somente este exemplo –, em diversos setores de regulação, a certos tipos penais nos quais se criminalizam meros atos de comunicação, como, por exemplo, os delitos de instigação ao ódio racial ou os de exaltação ou justificação de autores de determinados delitos.[87] Um exame desta "Parte

---

[83] JAKOBS, AT2, e ss.; vid. também BARATA, PeE, 1 (1991), p. 52, e a exposição de SÁNCHEZ GARCÍA DE PAZ, *Anticipación* (nota 2), p. 90 e ss. em torno às relações entre Direito Penal preventivo e Direito Penal simbólico.

[84] Cfr., por todos, DÍEZ RIPOLLÉS, AP, 2001, p. 4 e ss.

[85] SIVA SÁNCHEZ, *Aproximación* (nota 6), p. 305.

[86] Ainda este fator – o que poderia chamar-se mendacidade política – não é o elemento decisivo para a valoração do fenômeno. Num certo sentido, pode afirmar-se que no setor de regulamentação do direito penal do inimigo, está "resolvida" a discussão, mantida até agora enm torno do conceito de direito penal simbólico, a respeito de se o critério decisivo para valorá-lo é a mendacidade (desajuste entre fins proclamados e "agenda oculta") ou, ao contrário, a ilegitimidade dos efeitos produzidos pela pena (cfr. Só DÍEZ RIPOLÉS, *AP* 2001, p. 1 ss., 14 e ss., com ulteriores referências; outro ponto de vista em DÍAZ PITA/FARALDO CABANA, *RDPP* 7 [2002], p. 119 e ss., 125 e ss), pois aqui, como se tentará mostrar, ocorrem ambas características ao mesmo tempo.

[87] Cfr., por exemplo, a respeito dos delitos de luta contra a discriminação, ultimamente LANDA GOROSTIZA, *IRPL/RIDP* 73, p. 167 e ss., como ulteriores

Especial" indica com toda claridade que o Direito Penal simbólico não só implica uma colocação em cena por parte de determinados agentes políticos, mas que, ademais, de certo modo é também a sociedade em seu conjunto a que leva a cabo uma (auto)representação: "nós não somos assim!" Um exorcismo: "o racismo não faz parte desta sociedade!" (isto fica "provado", de fato, por uma determinada criminalização; independentemente de que esta seja, talvez, completamente inadequada para atingir um nível de aplicação razoável). Entretanto, em todo caso, posto que o certo e evidente é que as coisas são justamente ao contrário, em tais casos não se confirma uma determinada identidade social, mas que esta se pretende construir mediante o Direito Penal.[88] Mais adiante, poderá fazer-se

referências. Vide. Também sobre este tipo de infrações CANCIO MELIÁ em: JAKOBS/CANCIO MELIÁ, *Consferências sobre temas penais*, 2000, p. 139 e ss.; idem, *JpD* 44 (2002), p. 26. No direito comparado, contrariamente à legitimidade dos preceitos análogos do código penal alemão, cfr. Somente a contundente crítica de JAKOBS, *ZStW* 97 (1995), p. 751 e ss.; considere-se, de todo modo que no caso do ordenamento alemão – diferentemente da tipificação espanhola – a cláusula que refere estas condutas de perturbação da ordem pública permitiria uma seleção dos fatos em questão em função da gravidade social destes. Mesmo assim, tem surgido também neste país vozes que – além das considerações de JAKOBS antes citadas – colocam em dúvida a adequação do ordenamento penal nesse contexto: vide., por exemplo, SCHUMANN, *StV* 1993, p. 324 e ss.; AMELUNG, *ZStW* 92 (1980), p. 55 e ss. Diante do consenso político que enunciam estas normas no caso alemão, resulta significativo que o antecedente da infração está no delito de "provocação à luta de classes"; vid. LK11-VON BUBNOFF, comentário prévio aos §§ 125 e ss.

[88] Com grande clareza, JAKOBS (*AT2* [nota 1], 2/25c) expõe que tal direito penal simbólico (concretamente, com referência aos "delitos de proteção do clima") é muito mais necessário quanto mais fraca seja a legitimidade da lei penal. Isso como descrição, num primeiro momento, independentemente se estas normas (a criminalização como criação parcial de identidade em vez de confirmação desta) podem ser legítimas (ou em que medida este é o caso). Paralelamente, JAKOBS a respeito do atual direito penal internacional incipiente afirma que a diferença entre o estabelecimento de uma ordem e sua estabilização precisa de sua apreensão e elaboração teórica (*Staatliche Sstrafe* [nota 1], p. 47 e ss.). Lembre-se, por outro lado, que JAKOBS foi um dos poucos autores alemães (vide. Somente *GA* 1994, p. 1 e ss.) que afirmou decisivamente que aos processos dirigidos contra antigos funcionários da segurança ou militares da República Democrática Alemã (no contexto dos homicídios cometidos na fronteira sobre aqueles que queriam abandonar RDA) não se aplica o direito

alguma consideração acerca de outras funções latentes do Direito Penal simbólico, manifestadas em seu descendente, o Direito Penal do inimigo.

2.2.2. O ressurgir do punitivismo

Entretanto, reconduzir os fenômenos de «expansão» que aqui interessam de modo global só a estas hipóteses de promulgação de normas penais meramente simbólicas, não atenderia ao verdadeiro alcance da evolução. Isto porque o recurso ao Direito Penal não só aparece como instrumento para produzir tranquilidade mediante o mero ato de promulgação de normas evidentemente destinadas a não ser aplicadas, mas que, em segundo lugar, também existem processos de criminalização «à moda antiga», isto é, a introdução de normas penais novas com a intenção de promover sua efetiva aplicação com toda a decisão,[89] isto é, processos que conduzem a normas penais novas que sim são aplicadas[90] ou se verifica o endurecimento das penas para normas já existentes. Deste modo,

---

penal ordinário (se pretende que a estes sujeitos, alguns deles condecorados pelo "cumprimento do dever socialista", se lhes aplique agora, pelos tribunais da RFA... o Código Penal da RDA então vigente!, isto é, se pretende que estas condutas sejam delitivas no ordenamento jurídico da "legalidade socialista"). Neste sentido não aparece que a questão do tiranicídio ou do direito de resistência em geral deva incluir-se na ordem do dia do direito penal ordinário; por definição, a violência que se qaplica em um processo revolucionário ou de resistência – independentemente de sua legitimidade – não é a coação da pena (vide. JAKOBS, *Terroristen als Personen* [nota 1], nota 17) mas violência política sem pretensão de juridicidade.

[89] Neste sentido, pode falar-se de uma expansão por intensificação. Vid. SILVA SÁNCHEZ/ FELIPE/SABORIT/ROBLES/PLANAS/PASTOR MUÑHOZ, em DA AGRA/DOMÍNGUEZ/GARCÍA AMADO/HEBBERECHT/RECASENS, *La seguridad em la sociedad del riesgo*. Um debate abierto, 2003, p. 103 e ss; enfatiza que esta vertente da evolução político-criminal não tem sido abordada com profundidade suficiente (ao concentrar a atenção no que poderia chamar-se "direito penal do risco", na discussão teórica DÍEZ RIPOLLÉS, *JpD* 49 (2004) p. 28; Cfr. BACIGALUPO/CANCIO MELIÁ, *Derecho penal y política transnacional* (nota 6) p. 252 e ss, 256 e ss.

[90] Embora se possa observar que em muitos casos se produz uma aplicação seletiva.

inverte-se o processo havido nos movimentos de reforma das últimas décadas, em que foram desaparecendo diversas infrações. Recorde-se só a situação do Direito Penal em matéria de condutas sexuais – que já não se consideravam legítimas. Neste sentido, percebe-se a existência, no debate político, de um verdadeiro «*clima punitivista*»:[91] o recurso a um incremento qualitativo e quantitativo no alcance da criminalização como único critério político-criminal; um ambiente político-criminal que, desde logo, não carece de antecedentes. Porém, estes processos de criminalização – e isto é novo – em muitas ocasiões se produzem com coordenadas políticas distintas à distribuição de funções tradicionais que poderiam resumir-se na seguinte fórmula: esquerda política-demandas de descriminalização/direita política-demandas de criminalização.[92] Neste sentido, parece que se trata de um fenômeno que supera, em muito, o tradicional «populismo» na legislação penal: a história não se repete.

No que tange à esquerda política, é chamativa a mudança de atitude: de uma linha – de forma simples, é claro – que identificava a criminalização de determinadas condutas como mecanismos de repressão para a manutenção do sistema econômico-político de dominação,[93] a uma

---

[91] Cfr. CANCIO MELIÁ, em: JAKOBS/CANCIO MELIÁ, *Conferencias* (nota 13), p. 131 e ss., 135 e ss.

[92] Assim, por exemplo, sublinha SCHUMANN a respeito das infrações na órbita de manifestações neonazistas que existe um consenso esquerda-direita na hora de reclamar a intervenção do Direito Penal, *StV*, 1993, p. 324. Vid, neste sentido, além disso, as considerações sobre as demandas de criminalização da social democracia europeia em SILVA SÁNCHEZ, *La expansión* (p. 69 e ss.; trata-se de uma situação na qual qualquer coletivo tem «suas» pretensões de criminalização frente ao legislador penal: cfr. a exposição sintomática de ALBRECHT, em: *Vom unmöglichen Zustand* (nota 2), p. 429; a respeito da persecução de fins da chamada moral fazendo uso da legislação penal só *Voß, Symbolische Gesetzgebung* (nota 6), p. 28 e ss.

[93] Vid. SILVA SÁNCHEZ, *La expansión* (nota 2), p. 57 e ss., acerca desta troca de orientação; movimento paralelo nas ciências penais: a criminologia crítica com pretensões abolicionistas; vid. somente a panorâmica traçada por SILVA SÁNCHEZ, *Aproximación* (nota 6), p. 18 e ss.

linha que descobre as pretensões de neocriminalização, especificamente de esquerda:[94] delitos de discriminação, delitos nos quais as vítimas são mulheres maltratadas, etc.[95] Entretanto, evidentemente, o quadro estaria incompleto se não fizéssemos referência a uma mudança de atitude também da direita política: no contexto da evolução das posições destas forças, também em matéria de política criminal, ninguém quer ser «conservador», mas «progressista» (ou mais) que todos os demais grupos (= neste contexto: defensivista). Neste sentido, a direita política – em particular, refiro-me à situação na Espanha – tem descoberto que a aprovação de normas penais é uma via para adquirir matizes políticas «progressistas».[96] A esquerda política tem aprendido o quanto rentável pode resultar o discurso da *law and order*, antes monopolizado pela direita política. Esta se soma, quando pode, a habitualidade político-criminal que caberia supor, em princípio, pertencentemente à esquerda, uma situação que gera uma escala na qual ninguém está disposto a discutir, verdadeiramente, questões de política criminal no âmbito parlamentar e na qual a demanda indiscriminada de maiores e «mais efetivas» penas já não é um tabu político para ninguém.

Desde o ponto de vista aqui adotado, esta evolução se produz com especial rapidez na Espanha. Depois do processo de descriminalização em diversos setores de regulamentação que, por razões políticas bem conhecidas, só puderam ocorrer a partir do ano de 1977 (neste caso, se tratava melhor de uma acomodação da herança rema-

---

[94] «Go and tell a worker robbed of his week's wages or a raped woman that crime doesn't exist», frase significativa do criminólogo YOUNG citada por SILVA SÁNCHEZ, *Aproximación* (NOTA 6), p. 23 nota 36.

[95] Vid., sobre isto, com particular referência à social democracia europeia, SILVA SÁNCHEZ, *La expansión* (nota 2), p. 69 e ss., com ulteriores referências.

[96] Só assim se explica, por exemplo, que tenha sido precisamente a direita política, no governo, a que tenha impulsionado e aprovado uma modificação do delito de assédio sexual, regulado no artigo 184 do CP, que supõe um aperto sobre a regulação pouco aprofundada, introduzida no CP de 1995.

nescente da legislação penal da ditadura do general Franco, que concluiu mais ou menos recentemente no CP de 1995), a reforma do direito penal entrou em uma fase de lentidão muito notada durante um tempo prolongado, de modo que se apresentaram vários projetos e anteprojetos de novo Código Penal – submetidos a exaustivo um estudo e análise por parte da doutrina – até que em 1995 – de modo repentino e no fim da temporada (justamente antes da perda da maioria parlamentar dos social-democratas no ano seguinte), e, portanto, sem discussão científica, na opinião pública ou sequer apenas debate parlamentar –, se obteve o êxito do chamado "código penal da democracia". Como é natural existe na discussão científica um debate em torno da qualidade técnica ou teórica deste Código Penal; não se pretende aqui colocar em dúvida que o novo texto eliminou muitos problemas dogmáticos. Entretanto, o único acerca do qual não se pode discutir é que este Código é muito mais repressivo que o texto refundido (reformado parcialmente a partir de 1977) do ano de 1973 (!). É um Código que, segundo Gimbernat Ordeig, "está influenciado pelo renascimento nos últimos anos da ideologia da 'lei e ordem', por um incremento descontrolado de novas figuras delitivas e por um insuportável rigor punitivo",[97] do qual tem dito Rodríguez Mourullo que "não segue nenhuma linha político-criminal coerente".[98] Naturalmente esta evolução não concluiu com aquele presente de despedida jurídico-penal dos social-democratas. A maioria palamentar da direita política existente na Espanha desde 1996 até a primavera de 2004 fez cair uma verdadeira cascata de reformas penais no diário oficial do Estado (em diversos setores) que no ano de 2004 (justamente para as eleições gerais) desembocou em uma espécie de revisão geral do código de 1995, adaptando mediante o incremento gerenarlizado dos marcos

---

[97] Em seu prólogo à 1ª edição do Código Penal espanhol de 1995, Tecnos, 1996.
[98] Em: idem/JORGE BARREIRO *et al*; *Comentarios ao código penal*, 1997, p. 18.

penais e a criação de novos tipos delitivos na legislação penal espanhola ao novo clima político.[99] Isto tem acontecido – é essencial sublinhá-lo – como uma aprovação muito ampla de quase todas as forças políticas, especialmente em todos aqueles âmbitos relacionados com o terrorismo;[100] enquanto se pronuncia esse palavra, quase todos os agentes políticos iniciam uma carreira para chegar por primeiro na frente (mediático) do "decidido combate". Por outro lado, até o momento não há nenhum indício de que a nova maioria parlamentar surgida depois dos atentados em Madri, de março de 2004, pretenda reverter algum elemento desta última contrarreforma.

O modo mais claro de apreciar a dimensão deste fenômeno quiçá esteja em recordar que, inclusive, conduz à reabilitação de noções – abandonadas há anos no discurso teórico dos ordenamentos penais continentais – como a inocuização.[101]

Neste sentido, parece evidente, no que se refere à realidade do Direito positivo, que a tendência atual do le-

---

[99] Cfr. Sobre as últimas reformas da Espanha, por todos, a sinopse em SANZ MORÁN, *RDPen* 4 (2004), p. 11 e ss.

[100] De fato, este é o âmbito no qual o perigo de contaminação do Direito Penal "normal" pela nova normativa de exceção é mais intenso; cfr. também JAKOBS, *Staatliche Strafe* (nota 1), p. 46. É significativo, como sintoma do clima político-social, já o uso inflacionário do final (as seguintes expressões têm sido utilizadas por diversos responsáveis públicos nos últimos tempos na Espanha): desde o terrorismo "normal" (prática de infrações penais gravíssimas para a obtenção de fins políticos), passando pelos "terroristas domésticos" (homens que maltratan suas mulheres), os "siber terroristas" (*hackers*) que pretendem causar danos nos computadores) ou "terroristas do meio ambiente", até chegar ao "terrorismo forestal" (provocar incêndios florestais). Somente falta acrescentar ao anterior a conhecida tese "todos os terroristas são iguais" e a tese derivada "um terrorista é um terrorista" (é um terrorista) (com a intenção: e quem advoga alguma diferença, de que espécie, como, por exemplo, entre quem atenta contra as tropas de ocupação no Iraque e os autores de fato das Brigate Rosse, de *action direct* do ETA ou da *Rote Army Fraktion*, evidentemente é compreensivo com os terroristas!), e já não faz falta um Código Penal, bastará um Código de luta contra o terrorismo ou nada de Código, inclusive, somente "luta". Cfr. também infra III. B.4.

[101] Cfr. somente SILVA SÁNCHEZ, em: idem, *Estudios de Derecho Penal*, 2000, p. 233 e ss.; idem, *La expansión* (nota 2), p. 141 e ss.

gislador é a de reagir com «firmeza» dentro de uma gama de setores a serem regulados, no marco da «luta» contra a criminalidade, isto é, com um incremento das penas previstas. Um exemplo, tomado do Código Penal espanhol são as infrações relativas ao tráfico de drogas ou entorpecentes e substâncias psicotrópicas:[102] a regulação contida no texto de 1995 duplica a pena[103] prevista na regulação anterior,[104] de modo que a venda de uma dose de cocaína – considerada uma substância que produz «grave dano à saúde», ensejando a aplicação de um tipo qualificado – supõe uma pena de três a nove anos de privação de liberdade (frente a, aproximadamente, um a quatro anos do Código anterior), potencialmente superior, por exemplo, à pena de um homicídio culposo grave (um a quatro anos) ou a um delito de aborto doloso sem consentimento da gestante (quatro a oito anos) nos termos previstos no mesmo «Código Penal da democracia», apoiado parlamentarmente pela esquerda política.

Neste mesmo contexto, uma consideração da evolução ocorrida nos últimos anos nos Estados Unidos – sem considerar as mais recentes medidas legislativas – pode ser reveladora de qual é – ou, melhor dito: de longe que se possa chegar até alcançar – o ponto de chegada desta escalada: mediante a legislação de «three strikes», pode ocorrer que um autor que, sob a aplicação do Código Pe-

---

[102] Sobre esta problemática no caso espanhol cfr. ultimamente, por todos, GÓNZALEZ ZORRILA, em: LARRAURI PIJOAN (dir.)/CGPJ (ed.), *Política criminal*, 1999, p. 233 e ss. e DE LA CUESTA ARZAMENDI, em: BERISTAIN IPIÑA (dir.)/CGPJ (ed.), *Política criminal comparada, hoy y mañana*, 1999, p. 87 e ss., MUÑHOZ SÁNCHES/DÍEZ RIPOLLES/GARRIDO DE LOS SANTOS, *Las drogas em la delincuencia*, 2004; respectivamente, com ulteriores referências, quanto à enorme relevância correspondente na realidade do sistema de Administração de Justiça e penitenciária a estas infrações, Cfr. Soemnte os dados relacionados a respeito do caso espanhol em RDPCr 4 (1999) p. 881, 892 e ss.; vid. as considerações globais a respeito, por exemplo, em SCHUNEMANN, GA, 2003, p. 306 e ss.

[103] Considerando a mudança no regime de cumprimento das penas privativas de liberdade; no Código anterior (texto refundido de 1973), como é sabido, o cumprimento efetivo costumava situar-se na metade da extensão nominal da pena.

[104] Cfr. artigos 368 CP 1995 e 344 CP TR 1973.

nal espanhol nem sequer ingresse no cárcere[105], em alguns estados dos EUA, receberia a pena de prisão perpétua, entendida esta, ademais, em sentido estrito (até a morte do condenado)[106].

2.2.3. *Punitivismo e Direito Penal simbólico*

Do exposto até o momento, já fica claro que ambos os fenômenos aqui selecionados não são, na realidade, suscetíveis de ser separados nitidamente. Assim, por exemplo, quando se introduz uma legislação radicalmente punitivista em matéria de drogas, isso tem uma imediata incidência nas estatísticas da persecução criminal (isto é, não se trata de normas meramente simbólicas, de acordo com o entendimento habitual) e, apesar disso, é evidente que um elemento essencial da motivação do legislador, na hora de aprovar essa legislação, está nos efeitos «simbólicos», obtidos mediante sua mera promulgação. E ao contrário, também parece que, normas que em princípio poderiam ser catalogadas de «meramente simbólicas», possam ensejar um processo penal «real».[107]

O que ocorre é que, na realidade, a denominação «Direito Penal simbólico» não faz referência a um grupo bem definido de infrações penais, caracterizadas por sua inaplicabilidade, pela falta de incidência real na «solu-

---

[105] Por exemplo: um delito de roubo do art. 242.3 junto com um de lesões do art. 147.2 e outro de quebra de condenação do artigo 468 do CP.

[106] Cfr. somente BECKETT, Making Crime Pay. *Law and Order in Contemporary American Politics*, 1997, p. 89 e ss., 96; a respeito do caso do Estado da Califórnia, vid., por exemplo, os dados recolhidos em //http:www.facts1.com. Cfr. também as referências em SILVA SÁNCHEZ, *La expansión* (nota 2), p. 142 e ss.

[107] Neste sentido, a respeito do artigo 510 do CP espanhol – junto com o a art. 607.2 CP, que contém uma infração que penaliza a conduta de «difusão, por qualquer meio, de ideias ou doutrinas que neguem ou justifiquem» os delitos de genocídio – continua sendo significativa a condenação – em primeira instância –, de um sujeito admirador do nazismo, proprietário de uma livraria na qual vendia livros dessa orientação, a cinco anos de pena privativa de liberdade (concurso real entre ambas infrações; Câmara Criminal núm. 3 de Barcelona, de 16-11-1998).

ção», em termos instrumentais. Tão só identifica a especial importância outorgada pelo legislador,[108] aos aspectos de comunicação política, a curto prazo, na aprovação das respectivas normas. Para tanto, inclusive, podem chegar a estar integrados em estratégias técnico-mercantilistas de conservação do poder político,[109] chegando até a criação consciente na população, de determinadas atitudes no que tange aos fenômenos penais que posteriormente são «satisfeitas» pelas forças políticas.

Dito com toda brevidade: o Direito Penal simbólico não só identifica um determinado «fato», mas também (ou: sobretudo) um específico tipo de autor, que é definido não como igual, mas como outro. Isto é, a existência da norma penal – deixando de lado as estratégias técnico-mercantilistas, a curto prazo, dos agentes políticos – persegue a construção de uma determinada imagem da identidade social, mediante a definição dos autores como «outros», não integrados nessa identidade, mediante a exclusão do «outro». E parece claro, por outro lado, que para isso também são necessários os traços vigorosos de um punitivismo[110] exacerbado, em escala, especialmente, quando a conduta em questão já está apenada. Portanto, o Direito Penal simbólico e o punitivismo mantêm uma relação fraternal. A seguir, pode ser examinado o que surge de sua união: o Direito Penal do inimigo.

---

[108] É o que agora interessa: porém, então, caberia identificar – e muitos – casos de «aplicação simbólica» de normas penais.

[109] Cfr. somente as referências destas práticas a respeito do âmbito anglo-saxão em BECKETT, *Making Crime Pay* (nota 27), *passim*, e von HIRSCH, em: LÜDERSSEN (ed.), *Aufgeklärte Kriminalpolitik* (nota 2), t. V., p. 31 e ss.

[110] Por exemplo, desde a perspectiva da criminologia, Young (La sociedad "excluyente". Exclusión social, delito y diferencia en la Modernidad tardía, traducción y presentación de Bergalli, 2003) atribui especial importância à questão criminal nos mecanismos sociais de exclusão: "... a imputação de criminalidade sobre o outro desviado é parte necessária da exclusão" (p. 178); vid. este ponto de partida (aplicado à custodia de segurança introduzida recentemente no ordenamento suíço) também em Kunz, *ZStrR* 122 (2004), p. 234 e ss., 239 e ss.

3. «Direito Penal do Inimigo»?

A seguir tentar-se-á analisar o conceito de Direito Penal do inimigo para determinar seu conteúdo e sua relevância sistemática. Para isso, em primeiro lugar, apresentar-se-ão as definições determinantes que têm aparecido na bibliografia, propondo-se alguma precisão a essa definição conceitual. Para isso, é especialmente relevante a imbricação do fenômeno na evolução político-criminal geral, isto é, sua genealogia. Finalmente, esboçar-se-ão as duas razões fundamentais pelas quais, desde a perspectiva do sistema jurídico-penal atualmente praticado, o conceito de Direito Penal do inimigo só pode ser concebido como instrumento para identificar, precisamente, o não Direito Penal[111] presente nas legislações positivas: por um lado, a função da pena neste setor, que difere da do Direito Penal «verdadeiro»; por outro lado, como consequência do anterior, a falta de orientação com base no princípio do Direito Penal do fato.

---

[111] Isto é: um Direito Penal meramente formal, que difere estruturalmente da imputação que é praticada normalmente sob essa denominação.

3.1. Determinação conceitual

3.1.1. Direito Penal do Inimigo (Jakobs) como terceira velocidade (Silva Sánchez) do ordenamento jurídico-penal

Segundo Jakobs,[112] o Direito Penal do inimigo se caracteriza por três elementos: em primeiro lugar, constata-se um amplo adiantamento da punibilidade, isto é, que neste âmbito, a perspectiva do ordenamento jurídico-penal é prospectiva (ponto de referência: o fato futuro), no lugar de – como é o habitual – retrospectiva (ponto de referência: o fato cometido). Em segundo lugar, as penas previstas são desproporcionalmente altas: especialmente, a antecipação da barreira de punição não é considerada para reduzir, correspondentemente, a pena cominada. Em terceiro lugar, determinadas garantias processuais são relativizadas ou inclusive suprimidas.[113] De modo

---

[112] Quem, como se assinalou, introduziu – em três fases, poderia dizer-se, em 1985, 1999/2000 e 2003/2004/2005 – o conceito na discussão mais recente (Jakobs, *ZStW* 97 [1985], p. 753 e ss.; idem, AT2, 2/25c; idem, *Estudios de Derecho judicial* 20 [nota 1], p. 137 e ss.; idem, em: Eser/Hassemer/Burkhardt [ed.], *Strafrechtswissenschaft* [nota 1], p. 47 e ss., 51 e ss.; idem, *Staatliche Strafe* [nota 1], p. 40 e ss.; idem, *Terroristen als Personen* [nota 1], *passim*); exaustiva análise e valoração crítica dos escritos de Jakobs publicados até 2003 em Prittwitz, em: Mir Puig/Corcoy Bidasolo/Gómez Martín (ed.), *La política criminal en Europa*, 2004, p. 107 e ss. – Certamente, caberia identificar – como sublinha Silva Sánchez, *La expansión* (nota 2), p. 165 com nota 388 – muitos antecedentes materiais da noção do Direito Penal do inimigo, em particular, em determinadas orientações da prevenção especial anteriores à segunda guerra mundial; cfr. Muñoz Conde, *DOXA* 15-16 (1994), p. 1031 e ss. Desde uma perspectiva temporal mais ampla, e com orientação filosófica, vid. el análise correspondente de Pérez del Valle (CPC 75 [2001], p. 597 e ss.), relativamente às teorias do Direito Penal contidas nas obras de Rousseau e Hobbes; cfr. ultimamente também a este respeito a perspectiva de Zaffaroni, *Investidura como doctor honoris causa por la Universidad de Castilla-La Mancha*, 2004, p. 19 e ss., 29 e ss. e de Gracia Martín, *RECPC* nº 7 (2005) http://criminet.ugr.es/recpc/ (sobre tudo: III.). Em todo caso, cabe pensar que este aspecto – os antecedentes históricos – pode ser deixado de lado desde o ponto de vista da política criminal atual – não no plano global-conceptual, claro – considerando as diferencias estruturais entre os sistemas políticos daqueles momentos históricos e o atual.

[113] Vid., sinteticamente, JAKOBS, *Estudios de Derecho judicial*, n. 20 (nota 1), p. 138 e ss. Os trabalhos de JAKOBS têm desencadeado uma incipiente discussão

materialmente equivalente, na Espanha, Silva Sánchez tem incorporado o fenômeno do Direito Penal do inimi-

---

nos âmbitos de fala alemã e espanhola na qual se constata sobretudo vozes marcadamente críticas. Nesta linha, atribuem a JAKOBS uma posição afirmativa a respeito da existência do Direito Penal do inimigo, por exemplo, SCHULZ, *ZStW*, 112 (2000), p. 659 e ss.; diferenciando o significado político-criminal da primera (1985) e da segunda (1999/2000) aproximação, Prittwitz, *ZStW* 113 (2001), p. 774 e ss., 794 e ss., 794 e s. com nota 106; idem, em: Mir Puig/Corcoy Bidasolo/Gómez Martín (ed.), *La política criminal* (nota 40), p. 107 e ss., 119; SCHÜNEMANN, GA, 2001, p. 210 e ss.; idem, GA 2003, p. 299 e ss., 312 e ss.; Ambos, *Der allgemeine Teil eines Völkerstrafrechts*, 2002, p. 63 e ss., 63 e s.: "outorga a futuros regimes injustos uma legitimação teórica"; ibidem, nota 135 inclusive se afirma que Jakobs com estes desenvolvimentos se aproxima constantemente ao pensamento "coletivista-dualista" de Carl Schmitt; MUÑOZ CONDE, Edmund. Mezger e Derecho penal de su tiempo. *Estudios sobre el Derecho penal en el Nacionalsocialismo*, 3ª edição, 2002, p. 116 e ss.; 4ª edição, 2003, p. 121 e ss.; Portilla Contreras, *mientras tanto* nº 83 (2002), p. 78 e ss., 81; idem, em López Barja de Quiroga/Zugaldía Espinar (coord.), *Dogmática y Ley penal. Libro homenaje a Enrique Bacigalupo*, tomo I, 2004, p. 694: "... justifica e intenta legitimar a estrutura de um Direito Penal e processual sem garantias"; Düx, *ZRP* 2003, p. 189 e ss., 194 e s.; Laurenzo Copello, *RDPCr* 12 (2003), p. 455 e s.; amplamente Aponte, Krieg und Feindstrafrecht. *Überlegungen zum "effizienten" Feindstrafrecht anhand der Situation in Kolumbien*, 2004, *passim*, p. 76 e ss., 129 e ss., 312 e ss.; Demetrio Crespo, *NDP* 2004/A, p. 47 e ss.; vid. agora um ampla análise, feita contextualizando a aparição do Direito Penal do inimigo no conjunto da evolução político-criminal, realizado por Faraldo Cabana, em: *eadem* (dir.)/Brandariz García/Puente Aba (coord.), *Nuevos retos del Derecho penal en la era de la globalización*, 2004, p. 299 e ss., 305 e ss.; Gómez Martín, en: *La política criminal* (nota 40), p. 82 e ss.; Kunz, *ZStrR* 122 (2004), p. 234 e ss., 241 e ss.; Lascano, en: Universidad Nacional Mayor de San Marcos (ed.), XVI Congreso latinoamericano/VIII iberoamericano y I Nacional de Derecho penal y criminología, 2004, p. 223 e ss.; Mir Puig/Corcoy Bidasolo, em: *La política criminal* (nota 40), p. 20; Zaffaroni, en: *Investidura* (nota 40), p. 19 e ss.; vid. também Díez Ripollés, em: Bacigalupo/Cancio Meliá (ed.), *Derecho penal y política transnacional* (nota 6), p. 263 e ss. De outro lado, além de Silva Sánchez (sobre sua posição, vid. a seguir o texto), tem feito referência à concepção de Jakobs em termos mais descritivos ou afirmativos (em alguns casos) Kindhäuser, *Gefährdung als Straftat*, 1989, p. 177 e ss.; Feijoo Sánchez, RJUAM 4 (2001), p. 9 e ss., 46 e ss.; Pérez del Valle, CPC 75 (2001), p. 597 e ss.; Polaino Navarrete, *Derecho penal*, Parte General, tomo I: Fundamentos científicos del Derecho penal, 4ª edición, 2001, p. 185 e ss.; Cancio Meliá, *JpD* 44 (2002), p. 19 e ss.; Gracia Martín, *Prolegómenos* (nota 2), p. 120 e ss.; cfr. agora o novo e exaustivo posicionamento crítico deste autor em *RECPC* 7 (2005). Recentemente, uma nova aproximação de Jakobs à questão, em um trabalho no qual revisa a teoria da pena desenvolvida até o momento (*Staatliche Strafe* [nota 1], p. 41 e ss.), descarrega toda a dúvida acerca de que Jakobs considera legitimável um "Direito Penal do inimigo" ao menos em alguns casos; cfr. sobre isto Cancio Meliá, *ZStW* 117 (2005), p. 267 e ss., 287 e ss.

go a sua própria concepção político-criminal.[114] De acordo com sua posição, no momento atual, estão se diferenciando duas «velocidades» no marco do ordenamento jurídico-penal:[115] a primeira velocidade seria aquele setor do ordenamento em que se impõem penas privativas de liberdade, e no qual, segundo Silva Sánchez, devem manter-se de modo estrito os princípios político-criminais, as regras de imputação e os princípios processuais clássicos. A segunda velocidade seria constituída por aquelas infrações em que, ao impor-se só penas pecuniárias ou restritivas de direito – tratando-se de figuras delitivas de cunho novo –, caberia flexibilizar de modo proporcional esses princípios e regras «clássicos»[116] a menor gravidade das sanções. Independentemente de que tal proposta possa parecer acertada ou não – uma questão que excede destas breves considerações –, a imagem das «duas velocidades» induz imediatamente a pensar – como fez o próprio Silva Sánchez[117] – no Direito Penal do inimigo como «terceira velocidade», no qual coexistiriam a imposição de penas privativas de liberdade e, apesar de sua presença, a «flexibilização» dos princípios político-criminais e as regras de imputação.

3.1.2. Precisões

3.1.2.1. Considerações

Até aqui, realizou-se a descrição. A questão que agora se suscita é, naturalmente, o que deve ser feito no plano teórico-sistemático com essa realidade constatada. Falta algum elemento no quadro traçado? Além disto, deve-se parar nessa constatação da existência do Direito Penal do

---

[114] Cfr. SILVA SÁNCHEZ, *La expansión* (nota 2), p. 163 e ss.

[115] Vid. SILVA SÁNCHEZ, *La expansión* (nota 2), p. 159 e ss.

[116] Cfr. SILVA SÁNCHEZ, *La expansión* (nota 2), p. 159 e ss., 161 e ss.

[117] Na 2ª edição de sua monografia *La expansión* (nota 2), p. 163 e ss.

inimigo? Há que parar nessa constatação? Há que tentar limitá-la na medida do possível, talvez «domando-a» ao introduzi-la no ordenamento jurídico-penal?[118] Deve-se expulsar-se do ordenamento jurídico? Em resumo: é legítimo?[119] Dito de outro modo: não está claro se é um conceito meramente descritivo ou afirmativo. Antes de tentar responder a essa questão, parece necessário, entretanto, tecer algumas considerações acerca do conteúdo do conceito de Direito Penal do inimigo.

Da perspectiva aqui adotada, ambas as concepções teóricas, antes esboçadas, são corretas, como elementos de uma descrição.[120]

No que tange ao alcance concreto destas normas, realmente existentes, há muito trabalho por fazer, posto que se trata, como antes se tem indicado – e o próprio Jakobs sublinha em muitas ocasiões –, de uma definição típico-ideal, para determinar a «Parte Especial» jurídico--positiva do Direito Penal do inimigo seria necessário um estudo detalhado, tipo por tipo – que excederia o escopo do presente texto –, de diversos setores de regulação.[121] Neste sentido, seguramente é certo (como tem afirmado

---

[118] Sobre isto Jakobs, *Staatliche Strafe* (nota 1), p. 45 e ss.

[119] Cfr. o título da contribuição de Prittwitz en: Mir Puig/Corcoy Bidasolo/Gómez Martín (ed.), *La política criminal* (nota 40), p. 107 e ss.: "Direito Penal do inimigo: análise crítica ou programa de Direito Penal?"

[120] O fato de que existe esse Direito Penal do inimigo no ordenamento positivo (SILVA SÁNCHEZ diz (*La expansión* [nota 2], p. 166) que sobre isto «não parece que se pode suscitar dúvida alguma»), e que pode ser descrito nos termos expostos, é algo que não é questionado; no que se pode ver, tampouco por parte dos autores que se têm manifestado em sentido crítico frente ao desenvolvimento de JAKOBS (cfr., por exemplo, expressamente PORTILLA CONTRERAS, *entrementes*, n. 83 [2002], p. 77 e ss., 83, 91, Demetrio Crespo, *NDP* 2004/A, p. 50; Laurenzo Copello, RDPCr 12 [2004], p. 455).

[121] Cfr., por exemplo, o catálogo internacional exposto por PORTILLA CONTRERAS, *entrementes*, n. 83 (2002), p. 83 e ss., ou a análise de Faraldo Cabana, em eadem (dir.)/Brandariz García/Puente Aba (coord.), *Nuevos retos* (nota 41), p. 299 e ss., 305 e ss., 317 e ss., a respeito da situação no ordenamento espanhol.

Silva Sánchez)[122] que é necessário demarcar, na *praxis* da análise da Parte Especial, diversos níveis de intensidade nos preceitos jurídico-penais concretos, e que, no plano teórico, é possível apreciar que em seu alcance concreto, a noção de Direito Penal do inimigo proposta por Jakobs na primeira aproximação (1985) é consideravelmente mais ampla (incluindo setores de regulação mais próximos ao «Direito Penal da colocação em risco», ou delitos de nova introdução dentro do setor da atividade econômica) que a da segunda e da terceira fases (a partir de 1999), mais orientada nos delitos graves contra bens jurídicos individuais (de modo paradigmático: terrorismo). Em todo caso, o que parece claro é que, no ordenamento espanhol, o centro de gravidade do Direito Penal do inimigo está nos delitos[123] relacionados com a drogas,[124] na reação do Direito Penal frente ao fenômeno da imigração,[125] em geral, no Direito Penal da "criminalidade organizada",[126] e, sobretudo, no novo Direito antiterrorista, primeiro na redação dada a alguns dos preceitos correspondentes no Código Penal de 1995,[127] depois na reforma introduzida mediante a Lei Orgânica n° 7/2000,[128] e finalmente mediante as reformas entradas em vigor no ano de 2004 neste campo.[129]

---

[122] Em uma contribuição de seminário, Universidade Pompeu Fabra, 5/2003.

[123] Além das características da criminalização, pode apreciar-se que também no Direito penitenciário existe uma orientação do "inimigo"; vid. por todos Faraldo Cabana, en: eadem (dir.)/Brandariz García/Puente Aba (coord.), *Nuevos retos* (nota 41), p. 317 e ss.

[124] Cfr. as referências supra em nota 30.

[125] Cfr., por todos, a respeito da reação do Direito Penal espanhol frente ao fenômeno, Cancio Meliá/Maraver Gómez, em: Bacigalupo/Cancio Meliá (ed.), *Derecho penal y política transnacional* (nota 6), p. 343 e ss.

[126] Vid. somente Sánchez García de Paz, *La criminalidad organizada*. Aspectos penales, procesales, administrativos y policiales, 2005, passim.

[127] Cfr. a sintética descrição de CANCIO MELIÁ, em: RODRÍGUEZ MORRULO/JORGE BARREIRO et al., *Comentarios al Código penal*, 1997, p. 1384 e ss.

[128] Cfr. CANCIO MELIÁ, JpD, 44 (2002), p. 19 e ss., 23 e ss. idem, em: Ferrer *et al.*, *Derecho, libertades y razón de Estado*, 2005, p. 21 e ss.

[129] *Fundamentalmente*, através das Leis n. 7 e 15/2003.

A essência deste conceito de Direito Penal do inimigo está, então, em que este se constitui em uma reação de combate, do ordenamento jurídico, contra indivíduos especialmente perigosos, que nada significam,[130] já que de modo paralelo às medidas de segurança, supõe tão só um processamento desapaixonado, instrumental,[131] de determinadas fontes de perigo, especialmente significativas:[132]

> [...] a expectativa de um comportamento correto não pode ser mantida contrafaticamente de modo ilimitado; ainda mais, não deve ser mantida ilimitadamente, já que o Estado há de procurar uma vigência real do Direito, motivo por que tem que agir contra as agressões do Direito cuja próxima comissão se perceba. Uma expectativa normativa dirigida a uma determinada pessoa perde sua capacidade de orientação quando carece de apoio cognitivo prestado por parte desta pessoa. Em tal caso, [...] *a expectativa normaitva é substituída pela orientação cognitiva, o que significa que a pessoa – a destinatária de expectativas normativas – muda para converte-se em fonte de perigo, em um problema de segurança* que deve abordar-se de modo cognitivo.[133]

Com este instrumento, o Estado não fala com seus cidadãos, mas ameaça seus inimigos.[134]

---

[130] Nos termos do significado comunicacional habitual da pena criminal; sobre isto a seguir infra 2.B.

[131] Desde esta perspectiva, é chamativo o paralelismo com a idiossincrasia de determinadas tendências inocuizadoras na discussão norte-americana que recebem a significativa denominação de «managerial criminology»; particularmente, no que se refere à identificação de determinadas espécies de autores respeito dos quais seria especialmente "rentável" em termos preventivos e por medidas de inocuização (selective incapacitation); vid., por todos, as exposições de Silva Sánchez, *La expansión* (nota 2), p. 141 e ss., 145 e Brandariz García, em: Faraldo Cabana (dir.)/Brandariz García/Puente Aba (coord.), *Nuevos retos* (nota 41), p. 43 e ss.

[132] Cfr. SILVA SÁNCHEZ (*La expansión* [nota 2], p. 163: «fenômenos... que ameaçam debilitar os fundamentos últimos da sociedade constituída em Estado»; «reações cingidas ao estritamente necessário para fazer frente a fenômenos excepcionalmente graves» (ibid. p. 166).

[133] Jakobs, *Terroristen als Personen* (nota 1), II, texto posterior à nota 5; sem cursiva na original.

[134] JAKOBS, *Cuadernos de Derecho judicial*, n. 20 (nota 1), p. 139.

3.1.2.2. Carências

Entretanto, desde a perspectiva aqui adotada, essa definição é incompleta: só se ajusta, de maneira parcial, com a realidade (legislativa, política e da opinião publicada).

Em primeiro lugar: ainda sem levar a cabo um estudo de materiais científicos relativos à psicologia social, parece claro que em todos os campos importantes do Direito Penal do inimigo («cartéis da droga»; «criminalidade referente à imigração»; outras formas de «criminalidade organizada» e terrorismo) o que sucede não é que se dirijam com prudência e se propaguem com frieza operações de combate, mas que se desenvolve uma cruzada contra malfeitores cruéis. Trata-se, portanto, mais de «inimigos» no sentido pseudorreligioso que na acepção tradicional--militar[135] do termo.[136] Com efeito, a identificação de um infrator como inimigo, por parte do ordenamento penal, por muito que possa parecer, a primeira vista, uma qualificação como «outro»,[137] não é, na realidade, uma identi-

---

[135] Por outro lado, como é sabido, no momento atual se estão desenhando também os contornos da noção de guerra, mesclando-se com a de "segurança"; respeito do caso espanhol, no que se refere à vulneração dos preceitos constitucionais relativos à declaração de guerra através da praxis e da legislação de desenvolvimento, vid., por todos, Melero Alonso, *La declaración de guerra en el ordenamiento jurídico español* (un mecanismo para el control jurídico de la participación del Estado español en conflictos armados), no prelo para a editora Dykinson. Vid. também, paralelamente, o processo de militarização das forças de persecução penal, no exemplo do caso colombiano, descrito por Aponte, *Krieg und Feindstrafrecht* (nota 41), p. 256 e ss.

[136] A respeito do terrorismo do novo cunho, Scheerer (*Die Zukunft des Terrorismus*. Drei Szenarien, 2002, p. 7 e ss., 13 e ss.) identifica a patologização e a mitologização das condutas em questão como verdadeiras características decisivas no discurso de combate contra o terrorismo. Geralmente sobre este fenômeno de "demonização", em quanto parte de um novo paradigma criminológico centrado na noção de "exclusão", vid. somente a análise de Young, *La sociedad excluyente* (nota 38), p. 155 e ss., enfocado e referenciado.

[137] Que simplesmente, é perigoso; ao que não se faz em primeira linha uma reprovação, mas que persegue sua neutralização.

ficação como fonte de perigo,[138] não supõe declará-lo um fenômeno natural a neutralizar, mas, ao contrário, é um reconhecimento de função normativa do agente[139] mediante a atribuição de perversidade,[140] mediante sua demonização. Que outra coisa não é Lúcifer senão um anjo caído?[141] – Visto desde esta perspectiva o processo simbólico, o elemento decisivo é que se produz uma exclusão de uma determinada categoria de sujeitos do círculo de cidadãos, motivo por que pode afirmar-se que neste âmbito a defesa frente a riscos – que é o denominador essencial da agenda político-criminal explícita – na realidade é o de menos.[142] Neste sentido, a carga genética do punitivismo (a ideia do incremento da pena como único

---

[138] Cfr. sobre os presupostos do discurso da eficiência preventiva também Díez Ripollés, en: Bacigalupo/Cancio Meliá (ed.), *Derecho penal y política transnacional* (nota 6), p. 263 e ss., 273 e ss., com ulteriores referências.

[139] Cfr. a respeito desta ideia, também o texto infra 3.2.2.

[140] Cfr. o significativo título da coletânea editada por Lüderssen: *Aufgeklärte Kriminalpolitik oder Kampf gegen das Böse?*, 1998.

[141] Um dos nomes, é, precisamente, o Inimigo.

[142] Sublinha, nesta linha do texto, a mudança de paradigma na direção da exclusão (partindo da nova custódia de segurança suiça) também Kunz, ZStrR 122 (2004), p. 234 e ss., 241 e ss.; vid. aqui infra III.B.2. – Em todo caso, mesmo que o Direito Penal do inimigo seja acima de tudo um problema de defesa frente a riscos, isto é, se a questão central fosse na verdade a falta de "apoio cognitivo" – que Jakobs não considera garantido no caso do "inimigo" – e se esta pudesse ser sequer abordada com meios do Direito Penal, também haveria que submeter esta "defesa" a uma análise de legitimidade; cfr. a posição crítica a respeito da concepção, paralela a essa deriva defensivista, de um entendimento naturalista ("de museu", na famosa expressão de Welzel, ZStW 58 [1939], p. 491 e ss., 514 e s., 530) do bem jurídico como ponto de partida de uma política criminal inflacionária (sob o lema: há que se perseguir o risco até seu refúgio na periculosidade individual do sujeito, antecipando as barreiras de tudo o que demande as necesidades de neutralização-defesa) desenvolvida por Jakobs, ZStW 97 (1985), p. 751 e ss., 783, 785; vid. também infra III.B.4. – A margem disso, deveria submenter-se à análise das condições de funcionamento interno dol pronóstico de risco pretendido através de esta aproximação. Considere-se que aqui não se quer abordar, primordialmente, uma análise de cada indivíduo "inimigo", mas a elaboração de tipologias de classes de diversos tipos de inimigos. Neste sentido, o próprio Jakobs sublinha que em muitas ocasiões não se trata de reações defensista-neutralizadoras frente a um indíviduo perigoso, mas frente a grupo hostil (*Terroristen als Personen* [nota 1], IV., texto posterior à nota 25).

instrumento de controle da criminalidade) se recombina com a do Direito Penal simbólico (a tipificação penal como mecanismo de criação de identidade social) dando lugar ao código do Direito Penal do inimigo, ou, dito de outro modo, o direito penal do inimigo constitui uma nova fase evolutiva sintética destas duas linhas de desenvolvimento. Esse significado simbólico específico do Direito Penal do inimigo (ou a paternidade do Direito Penal simbólico, que tem-se perdido de vista diante do predomínio do discurso político criminal pretendidamente instrumental – defensivista). *Em segundo lugar*, abre a pesrpectiva para uma segunda caracterírstica estrutural: não é (somente) um determinado "fato" o que está na base da tipificação penal, mas também outros elementos, sempre que sirvam à caracterização do autor como pertencente à categoria dos inimigos. De modo correspondente, no plano técnico, o mandato de determinação derivado do princípio de legalidade e suas "complexidades"[143] já não são um ponto de referência essencial para a tipificação penal.

3.2. O Direito Penal do Inimigo como contradição em seus termos

3.2.1. Considerações

Quando se aborda uma valoração do Direito Penal do inimigo como parte do ordenamento jurídico-penal, sobretudo se pergunta se deve ser aceito como inevitável segmento instrumental de um Direito Penal moderno. Para responder esta pergunta de modo negativo, *em primeiro lugar*, pode-se recorrer aos pressupostos de legitimidade mais ou menos externos ao sistema jurídico-penal no sentido estrito: não deve haver Direito Penal do inimigo porque é politicamente errôneo (ou: inconstitucio-

---

[143] Um termo que, por exemplo, aparece várias vezes na Exposição de motivos de Lei 7/2000 como um problema a superar.

nal).[144] *Em segundo lugar*, pode argumentar-se dentro do paradigma de segurança ou efetividade no qual a questão é situada habitualmente pelos agentes políticos que promovem este tipo de normas penais: o Direito Penal do inimigo não deve ser porque não contribui à prevenção policial-fática de delitos.[145] Estes são, naturalmente, caminhos transitáveis, que de fato se transitam na discussão e que se devem transitar. Porém aqui se pretende – *em terceiro lugar* – esboçar uma análise prévia, interna ao sistema jurídico-penal, em sentido estrito: o Direito Penal do

---

[144] Pelo que se consegue ver, esta é a argumentação que está na base das posições críticas existentes na discussão até o momento.

[145] No plano empírico, parece que se pode afirmar que a experiência em outros países de nosso entorno, a respeito de organizações terroristas surgidas nos anos 60 e 70 do Século XX mostra que a aplicação deste tipo de infrações não tem conduzido tanto a evitar delitos como tem contribuído a atrair novos militantes às organizações em questão, atrasando, de certa forma, o processo de dissolução endógeno (esse parece ser o caso, em particular da República Federal da Alemanha, na passagem da «primeira geração» da fração do exército vermelho [RAF, Rote Armee Fraktion] às sucessivas avalanchas de membros desse grupo terrorista; conforme Cfr. Por exemplo, DUX, ZRP 2003, p. 191 e ss.). Por outra parte, não há que se acentuar especialmente que as questões de prevenção negativa e de eficiência da persecução penal se apresentam de um modo completamente diverso ao habitual quando se trata de terrorista suicidas de orientação religiosa, organizados em pequenos grupos autônomos. De sorte que, é difícil que se possa isolar para efeito de análise, só a questão da efetividade preventiva: pois dentro deste balanço deveria ter-se em conta, de modo muito especial, que as normas destas características tendem a contaminar outros âmbitos de incriminação – como mostram múltiplos exemplos históricos –, de modo que há boas razões para pensar que é ilusória a imagem de dois setores do Direito Penal (o Direito Penal do cidadão e o Direito Penal de inimigos) que possam conviver em um mesmo ordenamento jurídico. Aparte disso, no balanço de «efetividade» há que se considerar –, como antes se tem dito, que a mera existência do Direito Penal do inimigo pode representar – isso deveria ser óbvio – em alguma ocasião, um êxito parcial, precisamente, para o «inimigo» (vide; por exemplo, a análise de SCHEERER, Zukunft des *terrorismos* [nota 63], p. 34 e ss., 50 e ss., no qual recorda que a estratégia do terrorismo não estatal consiste, desde suas origens, sobretudo, em alcançar a hegemonia em seu "próprio campo" através da espiral ação-reação); sobre a falta de efetividade, cfr. somente FEIJÓO SÁNCHEZ, *RJUAM*, 4, (2001), p. 50 e ss.; a respeito do caso concreto da introdução do chamado «terrorismo individual» no CP de 1995, cfr., por exemplo, a análise das consequências contraproducentes levadas a efeito por ASÚA BATARRITA (em: ECHANO BASALDÚA [coord.], *Estudios jurídicos en memoria de José Mª. Lidón*, 2002, p. 69, nota 39).

inimigo (faticamente existente) integra, *conceitualmente*, o Direito Penal?[146]

Com esta formulação, como é evidente, implica que a utilização do conceito considere, sobretudo, uma descrição: a valoração (política) cai por seu próprio peso, uma vez dada a resposta. Deste modo, introduz-se a questão, amplamente discutida, acerca de se este tipo de concepções pode legitimamente levar a cabo tal descrição, ou se, ao contrário, todo trabalho teórico neste contexto oferece sempre, ao mesmo tempo, uma legitimação (rechassável). A este respeito só há que se anotar aqui que na discussão incipiente em torno da ideia de Direito Penal do inimigo, desde o princípio se percebem, às vezes, tons bastante rudes, que se dirigem, em particular, contra a mera (re) introdução do par conceitual Direito Penal do cidadão e do inimigo por Jakobs. Sem pretender reformular aqui a discussão global em torno do significado do sistema dogmático desenvolvido por Jakobs, sobre sua compreensão como descrição ou legitimação,[147] sim há que indicar que aquelas posições que enfatizam os possíveis «perigos», ínsitos na concepção de Jakobs, nem sempre consideram, de modo suficiente, que essa aproximação, tachada de estruturalmente conservadora ou, inclusive, autoritária, já tem produzido, em várias ocasiões, construções dogmáticas com um alto potencial de recorte da punibilidade. Um pequeno exemplo, precisamente relativo ao Direito

---

[146] Expõem e deixam aberta esta questão, tanto JAKOBS (em: ESER/HASSE-MER/BURKHARDT [ed.], *Strafrechtwissenschaft* [nota1], p. 50) como SILVA SÁNCHEZ (*La expansión* [nota 2], p. 166).

[147] Cfr. a respeito, proximamente, de novo, o próprio JAKOBS, em: idem, Sobre la normatvización de la dogmática jurídico-penal, 2 (no prelo para a Ed. Civitas); vid, quanto ao mais, somente PEÑARADA RAMOS/SUÁREZ GONZÁLEZ/CANCIO MELIÁ, em: JAKOBS, *Estudios de Derecho penal*, 1997, p. 17 e ss., 22 e ss.; ALCÁCER GUIRAO, AP, 2001, p. 229 e ss., 242 e ss.; idem, *Lesión de bien jurídico o lesión de deber?* Apuntes sobre el concepto material de delito, 2003, passim, com anteriores referências.

Penal do inimigo: segundo Muñoz Conde,[148] no que tange ao conceito de Direito Penal do inimigo, e considerando o grande eco da teoria de Jakobs na América Latina,[149] é necessário sublinhar que essa aproximação teórica não é «ideologicamente inocente», precisamente em países, como Colômbia, nos quais «esse Direito Penal do inimigo é praticado». Com toda certeza, qualquer concepção teórica pode ser corrompida ou usada para fins ilegítimos; não se pretende aqui negar essa realidade. Porém, é um fato que a Corte Constitucional colombiana tem declarado recentemente inconstitucional – aplicando, expressamente, o conceito de Direito Penal do inimigo, desenvolvido por Jakobs – vários preceitos penais promulgados pelo presidente.[150] Concluindo: não existem concepções teóricas (estritamente jurídico-penais) que tornem invulnerável um ordenamento penal, frente a evoluções ilegítimas.[151]

A resposta que aqui se oferece é: não. Por isso, propor-se-ão duas diferenças estruturais (intimamente relacionadas entre si) entre «Direito Penal» do inimigo e Direito Penal: a) o Direito Penal do inimigo não estabiliza normas (prevenção geral positiva), mas demoniza (igual exclui) a determinados grupos de infratores; b) em consequência, o Direito Penal do inimigo não é um Direito Penal do fato, mas do autor. Há que ser enfatizado, de novo, que estas características não aparecem com esta nitidez preto no branco, no texto da Lei, mas que se encontram

---

[148] Em: BARQUÍN/SANZ/OLMEDO CARDENETE, *Conversações*: Dr. Francisco Muñoz Conde, RECPC 04 – c2 (2002) [http://criminet.ugr.es/recpc].

[149] Esta influência também é constatada, em termos similares e com preocupação, por AMBOS, *Völkerstrafrecht* (nota 34), p. 64.

[150] Acórdão C-939/02 de 31/10/2002, relator Montealegre Lynett. Uma questão distinta é, naturalmente, que efeito prático terá isto no desenvolvimento da atual guerra civil na Colômbia; provavelmente, exatamente o mesmo que uma solene proclamação do princípio de *ultima ratio*. Cfr. a exaustiva análise da situação colombiana feita por Aponte, *Krieg und Feindstrafrecht* (nota 41), p. 23, 29 e ss., 349 e ss.

[151] Vid. CANCIO MELIÁ, em: JAKOBS/CANCIO MELIÁ, *Conferências* (nota 13), p. 139 e ss., 147.

sobretudo em diversas tonalidade cinzentas. Porém, parece que conceitualmente pode-se tentar a diferenciação.

3.2.2. O Direito Penal do Inimigo
como reação internamente disfuncional:
divergências na função da pena

Quando se argumenta que os fenômenos, frente aos quais reage o «Direito Penal do inimigo», são perigos que põem em xeque a existência da sociedade, ou que é a autoexclusão[152] da condição de pessoa o que gera uma necessidade de proporcionar uma especial segurança cognitiva frente a tais sujeitos, ignora-se, em primeiro lugar, que a percepção dos riscos – como é sabido em sociologia – é uma construção social que não esta relacionada com as dimensões reais de determinadas ameaças.[153] Desde a perspectiva aqui adotada, também neste caso se dá essa disparidade. Os fenômenos, frente aos quais reage o «Direito Penal do inimigo», não têm essa especial «periculosidade terminal» (para a sociedade), como se apregoa deles, e como antes se expôs, na realidade o Direito Penal do inimigo, faticamente existente, não é um mecanismo defensivista. Ao menos entre os «candidatos» a «inimigos» das sociedades ocidentais, não parece que possa apreciar-se que haja algum – nem a «criminalidade organizada» nem as «máfias das drogas», e tampouco o ETA – que realmente possa pôr em xeque – nos termos «militares» que se afirmam – os parâmetros fundamentais das sociedades correspondentes em um futuro previsível. Isto é especialmente claro quando se compara a dimensão meramente numérica das lesões de bens jurídi-

---

[152] Por exemplo, Jakobs, *Terroristen als Personen* (nota 1), IV., texto anterior a nota 25.

[153] Cfr. as considerações do próprio SILVA SÁNCHEZ, *La expansión* (nota 2), p. 32 e ss., acerca da «sensação social de insegurança»; cfr. também MENDONZA BUERGO, *Sociedad de riesgo* (nota 2), p. 30 e ss., ambos com anteriores referências.

cos pessoais experimentadas por tais condutas delitivas com outro tipo de infrações criminais que se cometem de modo massivo e que entram, em troca, plenamente dentro da «normalidade».[154] Então, o que têm de especial os fenômenos frente aos quais responde o «Direito Penal do inimigo»? Que característica especial explica, no plano fático, que se reaja precisamente desse modo frente a essas condutas? Que função cumpre a pena neste âmbito?

A resposta a esta pergunta está em que se trata de comportamentos delitivos que afetam, certamente, os elementos essenciais e especialmente vulneráveis da identidade das sociedades questionadas. Porém, não no sentido entendido pela concepção antes examinada – no sentido de um risco fático extraordinário para esses elementos essenciais –, mas antes de tudo, como antes se tem adiantado, em um determinado *plano simbólico*.[155] É sabido que precisamente Jakobs representa uma teoria do delito e do Direito Penal na qual ocupa um lugar proeminente – dito de modo simplificado, é claro – o entendimento do fenômeno penal como pertencente ao mundo do normativo, dos significados, em oposição ao das coisas. Desta perspectiva, toda infração criminal supõe, como resultado especificamente penal, a quebra da norma, entendida esta como a colocação em dúvida da vigência dessa norma: a pena reage frente a esse questionamento por meio do delito reafirmando a validade da norma: prevenção geral positiva.[156] Pois bem, estes casos de condutas de «inimi-

---

[154] No que se refere ao caso espanhol, esta disparidade entre a ameaça real e sua reconstrução no discurso político-criminal é palmaria no que se refere à atividade do ETA: as medidas de endurecimento mais recentes – entradas em vigor a partir do ano 2000 – coincidem precisamente com um declínio muito acentuado das ações violentas de ETA, com una diminuição bem notável tanto em quantidade como em intensidade dos delitos cometidos.

[155] No lado da percepção dos «inimigos», por exemplo GARCÍA SAN PEDRO, Terrorismo: aspectos criminológicos y legales, 1993, p. 139 e ss., caracteriza o terrorismo como «violência simbólica»; vid., por todos, nesta linha, SCHEE-RER, *Zukunft des Terrorismus* (nota 50), p. 17 e ss., com ulteriores referências.

[156] Vid. somente JAKOBS, AT2 , 1/4 e ss.; 2/16, 2/25.a, 25/15, 25/20.

gos» se caracterizam por produzir esse rompimento da norma a respeito de configurações sociais estimadas essenciais, mas que são *especialmente vulneráveis,* mais além das lesões de bens jurídicos de titularidade individual. Assim, não parece demasiado aventurado formular várias hipóteses neste sentido: que o punitivismo existente em matéria de drogas pode estar relacionado, não só com as evidentes consequências sociais negativas de seu consumo, mas também com a escassa fundamentação axiológica e efetividade das políticas contra seu consumo nas sociedades ocidentais; que a «criminalidade organizada», nos países nos quais existe como realidade significativa, causa prejuízos à sociedade em seu conjunto, incluindo também a infiltração de suas organizações no tecido político, de modo que ameaça não só as finanças públicas ou outros bens pessoais dos cidadãos, mas ao próprio sistema político-institucional; que o ETA, finalmente, não só mata, fere e sequestra, mas põe em xeque um consenso constitucional muito delicado e frágil no que se refere à organização territorial da Espanha.

Se isto é assim, quer dizer, se é certo que a característica especial das condutas frente às quais existe ou se reclama «Direito Penal do inimigo» está em que afetam elementos de especial vulnerabilidade na identidade social, a resposta jurídico-penalmente funcional não pode estar na troca de paradigma que supõe o Direito Penal do inimigo. Precisamente, a resposta idônea, no plano simbólico, ao questionamento de uma norma essencial, *deve estar na manifestação de normalidade,* na negação da excepcionalidade, isto é, na reação de acordo com critérios de proporcionalidade e de imputação, os quais estão na base do sistema jurídico-penal «normal». Assim, se nega ao infrator a capacidade de questionar, precisamente, esses elementos essenciais ameaçados.[157] Dito desde a perspectiva

---

[157] A respeito das infrações de terrorismo, assinala, por exemplo, ASÚA BATARRITA (em: ECHANO BASALDÚA [coord.], em *Lindón* (nota 56), p. 47) que

do «inimigo», a pretendida autoexclusão da personalidade por parte deste – manifestada na adesão à «sociedade» mafiosa em lugar da sociedade civil, ou no rechaço da legitimidade do Estado em seu conjunto, tachando-o de «força de ocupação» no País Basco – não deve estar a seu alcance, posto que a qualidade de pessoa é uma atribuição.[158] É o Estado que decide, mediante seu ordenamento jurídico, quem é cidadão e qual é o *status* que tal condição comporta: não é possível admitir apostasias do *status* do cidadão. A maior desautorização que pode corresponder a essa defecção tentada pelo «inimigo» é a reafirmação do sujeito em questão pertencer à cidadania geral, isto é, a afirmação de que sua infração é um delito, não um ato cometido em uma guerra, seja entre quadrilhas ou contra um Estado pretendidamente opressor.

Portanto, a questão de poder existir *Direito* Penal do inimigo se resolve negativamente no plano da teoria da pena. Precisamente, da perspectiva de um entendimento da pena e do Direito Penal, com base na prevenção geral positiva, a reação que reconhece excepcionalidade à infração do «inimigo», mediante uma troca de paradigma de princípios e regras de responsabilidade penal, é disfuncional, de acordo com o conceito de Direito Penal. Desde esta perspectiva, é possível afirmar que o «Direito Penal» do inimigo, jurídico-positivo, cumpre uma função distin-

---

«a reprovação indiscriminada dos métodos violentos e de sua ideologia favorece a tese daqueles que optam pelo método de terror, no propósito de serem identificados e nomeados por suas ideias e não por seus crimes»; a respeito da «ideologia da normalidade» como base (às vezes, só nominal) da regulação espanhola em matéria de terrorismo. vid. CANCIO MELIÁ, *JpD*, 44 (2002), p. 23 e ss., com referências.

[158] Concretamente, em nossas sociedades (Estados de Direito atuais) essencialmente – e, desde logo, no que se refere a sua posição como possíveis infratores de normas penais – corresponde a todos os seres humanos, em virtude de sua condição humana; por isso, não pode haver «exclusão» sem ruptura do sistema.

ta do Direito Penal (do cidadão): são coisas distintas.[159] O Direito Penal do inimigo praticamente reconhece, ao optar por uma reação estruturalmente diversa, excepcional, a competência normativa (a capacidade de questionar a norma) do infrator. Por isso, de certo modo, enquanto o discurso legitimante do Direito Penal do inimigo positivo na discussão político-criminal parece afirmar que há algo "menos" que o direito penal da culpabilidade (a reação imprescindível, mas serena, sem censura, tecnocrática frente a um risco gravíssimo; uma reação frente a um perigo examiniado de modo neutro), na realidade é algo "mais" (a construção de uma categoria de re presentantes humanos do mal; algo mais grave que ser "simplismente" culpado). Mediante a demonização de grupos de autores, isto é, através da exclusão do círculo de mortais "normais" que está implícita nestas modalidades de tipificação – uma forma exacerbada de reprovação –, da inclusive maior nressonância a seus acontecimento. Dito de outro modo – combinando ambas perspectivas –, a demonização tem lugar mediante a exclusão (definição como outro: "L'Enfer, C'est les Autres").[160]

Geralmente, o conceito inclusão/exclusão adquire, segundo parece, cada vez maior relevância teórica para as ciências sociais: "Se está convertendo o binômio inclusão/exclusão no metacódigo do Século XXI, que mediatiza todos os demais códigos falseando, entretanto, simulta-

---

[159] Respeito da posição pessoal de Jakobs quanto à natureza jurídica do "Direito Penal" do inimigo, cabe anotar que mesmo que não se encontre uma afirmação unívoca em alguns de seus escritos neste sentido, é possível inferir de várias de suas linhas de argumentação que o considera materialmente um Direito de exceção, não Direito Penal ordinário. Nesse sentido, o Direito Penal do inimigo descrita por Jakobs tampouco se coaduna com sua atual definição dos critérios de avaliação da gravidade social de um fato, a efeitos de determinar a medida da pena (vide Jakobs, *Terroristen als Personen* (nota 1), III., texto posterior a nota 25).

[160] Jean-Paul Sartre, *Huis clos (suivi de les mouches)*, Gallimard-folio, 1983, p. 92. Esta imagem surgiu numa conversa com Pablo Guérez Tricarico e Enrique Peñaranda Ramos (Universidad Autónoma de Madrid).

neamente a própria diferenciação funcional, *e dominando com o potencial exclusivo da exclusão de grupos inteiros da população, outros problemas sociopolíticos?"*[161] De fato, desde a perspectiva da teoria social dos sistemas, Luhmann[162] formulou a tese de que a diferenciação moderna entre a inclusão e a exclusão é estruturalmente mais profunda do que jamais foi a diferenciação entre classes sociais.[163]

Em consequência, a função da pena no Direito Penal do inimigo provavelmente tenha que ser vista na criação (artificial) de critérios de identidade entre os excludentes, mediante a exclusão; uma função cuja incompatibilidade com a teoria da prevenção geral positiva não necessita enfatizar-se. Dito nas palavras do próprios Jakobs: "a pena não luta contra o inimigo; tampouco serve de estabelecimento de uma ordem desejável, mas só à manutenção da realidade social"[164]Isso também se manifesta nas formulações técnicas dos tipos.

3.2.3. O Direito Penal do Inimigo como Direito Penal do Autor

Finalmente, incumbe agora realizar uma brevíssima reflexão no que tange à manifestação técnico-jurídica mais destacada da função divergente da pena do Direito Penal do inimigo: a incompatibilidade do Direito Penal do inimigo com o princípio do direito penal do fato.

---

[161] Teubner, en: Cancio Meliá (ed.), AFDUAM 9 (2005), *Globalización y Derecho*, p. 200 (sem cursiva no original); na atual situação mundial, é inevitável a lembrança da guerra distante, permanente e ameaçadora – tão distinta da guerra tradicional, e que é outra forma de exclusão, precisamente, dos "inimigos", e de construção de identidade de um grupo – tal e como é representada no livro de George Orwell "1984": neste sentido utilizado por Teubner, realmente *war is peace* na realidade de hoje (Orwell, *Nineteen eighty-four*, Penguin Books, 1984, p. 27), ou, no âmbito que aqui interessa: exclusão (de uns) é inclusão (de outros).

[162] *Das Recht der Gesellschaft*, 2ª edição, 1997, p. 582 e ss.

[163] Op. cit., p. 582 e ss. com nota 64.

[164] Jakobs, PJ 47 (1997), p. 163.

Como é sabido, o Direito Penal do inimigo jurídico-positivo vulnera, assim se afirma habitualmente na discussão, em diversos pontos, o princípio do direito penal do fato. Na doutrina tradicional, o princípio do direito penal do fato se entende como aquele princípio genuinamente liberal, de acordo com o qual devem ser excluídos da responsabilidade jurídico-penal os meros pensamentos, isto é, rechaçando-se um Direito Penal orientado na «atitude interna» do autor.[165] Considerando-se este ponto de partida coerentemente até suas últimas consequências – mérito que corresponde a Jakobs[166] –, fica claro que numa sociedade moderna, com boas razões funcionais, a esfera de intimidade atribuída ao cidadão não pode ficar limitada aos impulsos dos neurônios: parafraseando o título de uma canção popular alemã – *Die gidanken sindfrei* –, algo mais que a liberdade de pensamento. Isto cristaliza na necessidade estrutural de um «fato» como conteúdo central do tipo (Direito Penal do fato em lugar de Direito Penal do autor).

Ao examinar-se, por este prisma – por exemplo, no Direito Penal espanhol relativo ao terrorismo, depois das últimas modificações legislativas havidas – a ampla eliminação iuspositiva das diferenças entre preparação e tentativa, entre participação e autoria, inclusive entre fins políticos e colaboração com uma organização terrorista,[167] dificilmente pode parecer exagerado falar de um Direito

---

[165] Vid., por exemplo, STRATENWERTH, *Strafrecht Allgemeiner Teil I. Die Straftat*, 4ª edição, 2000, 2/25 e ss.; recentemente, com algo mais de detalhe, cfr. HIRSCH, em: *Festscgrift für Klaus Lüderssen zum 65. Geburtstag*, 2002, p. 253 e ss.

[166] A argumentação decisiva esta em *ZStW*, 97 (1985), p. 761 (como se recordará, se trata do mesmo trabalho em que também se introduziu o conceito de Direito Penal do inimigo); um ponto de partida – a normatização do princípio do direito penal do fato e, com isso, da noção de esfera privada neste contexto – que, no que pode ser visto, não tem merecido uma grande atenção na discussão alemã.

[167] Cfr. a respeito de diversos tipos individuais, a análise em CANCIO MELIÁ, *JpD*, 44 (2002), p. 25 e ss.

Penal do autor: mediante sucessivas ampliações se tem alcançado um ponto no qual «estar aí» de algum modo, «fazer parte» de alguma maneira, «ser um deles», ainda que só seja em espírito, é suficiente. Só assim se pode explicar que no CP espanhol de 1995 – por mencionar um só exemplo entre vários – se tenha introduzido a figura do «terrorista individual»,[168] uma tipificação que não se encaixa de nenhum modo com a orientação da regulação espanhola neste setor, estruturada em torno à especial periculosidade das organizações terroristas.

Esta segunda divergência é, como ocorre com a função da pena que a produz, estrutural: não é que haja um cumprimento melhor ou pior do princípio do direito penal do fato – o que ocorre em muitos outros âmbitos de «antecipação» das barreiras de punição – mas que a regulação tem, desde o início, uma direção centrada na identificação de um determinado grupo de sujeitos – os «inimigos» – mais que na definição de um «fato».

O direito penal do inimigo não é compatível, portanto, com o direito penal do fato.

---

[168] Cfr. só CANCIO MELIÁ, JpD, 44 (2002), p. 25 e s.

4. Algumas conclusões

4.1. Diagnóstico

Desde a perspectiva da política criminal, parece que se pode afirmar que o fenômeno do Direito Penal do inimigo nas legislações atuais não é consequência de um fator externo – de um atentado como desencadeante ou de uma maioria política circunstancial – a própria evolução dos sistemas jurídico-penais. Bem ao contrário, uma análise dos desenvolvimentos e os estudos político-criminais prévios à atual onda de Direito Penal do inimigo nos diários oficiais mostra que sua origem tem suas raízes em momentos históricos anteriores ao atual.[169] Também parece claro que, precisamente pelo fato de que não se trata de um fenômeno conjuntural e não é devido a fatores exógenos, o atual Direito Penal do inimigo não é um simples retorno a uma política criminal autoritária, mas uma fase evolutiva nova.

No plano da teoria do Direito Penal, resulta evidente que um "Direito Penal" do inimigo não é compatível com a teoria da prevenção geral positiva, posto que nela a pena cumpre uma função divergente e incompatível com

---

[169] Por isso, a questão suscitada por Demetrio Crespo (NDP 2004/A, p. 47 e ss.) no título de seu trabalho ("evolução ou involução?") deve responder-se de modo unívoco com o primeiro dos conceitos (em outra linha Demetrio Crespo, loc. cit., p. 49, 67 e ss.). Vid. também a argumentação de Díez Ripollés, em: Bacigalupo/Cancio Meliá (ed.), *Derecho penal e política transnacional* (nota 6), p. 243 e ss., 252 e ss.

o elemento essencial da culpabilidade-igualdade.[170] Como consequência disso, o "Direito Penal" do inimigo – dedicado essencialmente a definir categorias de sujeitos – é de modo estrutural um Direito Penal de autor.

Perspectivas

1. Se frente às considerações aqui feitas se suscita a objeção de que com elas se confunde a realidade com o desejo, no sentido de que se converte artificialmente a inimigos reais em pessoas, em cidadãos fictícios,[171] isto é, naturalmente, certo desde uma perspectiva meramente fática (no plano psicossocial, pode ser o caso de amplos setores da população, identificados com as potenciais vítimas, ou no plano da psicologia individual, no caso de muitos autores, os quais frequentemente se autodefinem, de fato, como "inimigos"); mas essa constatação não afeta em nada a razão: a graça do Direito Penal moderno, precisamente (e de uma teoria que o descreva adequadamente), está em que a pena não reage nem frente à maldade (contra pecadores) nem frente à nenhuma periculosidade

---

[170] De fato, no que se refere a teoria dos fins da pena em Jakobs, cabe constatar ultimamente um processo de reorientação que com caráter geral atribui a determinados efeitos cognitivos da pena, que ainda eram secundários em escritos anteriores, uma nova posição sistemática (cfr. Jakobs, *Staatliche Strafe* [nota 1], p. 5 e ss., 26 e ss., passim; vid. o expresso abandono de pontos de vista anteriores em p. 31, nota 147). Como parece claro, não é este o lugar adequado para abordar esta mudança de orientação na teoria penal de Jakobs. Sem embargo, pode formular-se a hipótese de que – *sit venia verbo* – um Jakobs anterior talvez teria dito sobre a nova configuração da teoria da pena que se deste modo não se está já "na missa e tocando o sino" (assim reza a reprovabilidade formulada pelo próprio Jakobs frente as teorias da União – também no que se poderia identificar como sua segunda fase evolutiva em matéria de teoria da pena –, *PJ* 47 [1997], p. 146), ao menos se se propõe salvar um hiato demasiado grande entre significado (confirmação da vigência da norma) e finalidade (segurança em termos fático-naturais), entre pena e polícia. Talvez também teria escrito que a única finalidade (no Direito Penal de um Estado que há grandes linhas está em funcionamento e é legítimo) é o significado. Cfr. sobre esta problemática Cancio Meliá/Feijoo Sánchez, "Prevenir riesgos o confirmar normas? La teoría funcional de la pena de Günther Jakobs", estudio preliminar a Jakobs, La pena estatal: significado y finalidad, no prélo para ed. Civitas.

[171] Assim Jakobs, *Staatliche Strafe* (nota 1), p. 47 e ss.

(contra enfermos), mas frente a manifestações de sujeitos culpáveis que põem em questão as características (essenciais) da configuração da sociedade (sem assim se querer: contra cidadãos equivocados). Não há inimigos no Direito Penal, pelo que de fato, todos os seres humanos são cidadãos (ou, se se quer: eleva-os artificialmente a essa condição). Os "ataques" de sujeitos imputáveis são atos de guerra em sentido estrito ou são delitos, *tertium non datur*.[172]

2. Seguindo neste contexto de argumentação, saltando entre riscos fáticos e reações jurídico-penais,[173] também pode afirmar-se que talvez a posição aqui defendida – o repúdio ao Direito Penal do inimigo no plano da teoria do Direito Penal – seja (normativamente) correta, mas socialmente irrelevante[174] porque não processa a (indiscutida) explosão jurídico-positiva do Direito Penal do inimigo realmente existente. Mas tampouco esta linha crítica realmente alcança às reflexões aqui propostas: em primeiro lugar, a diferença conceitual entre Direito Penal do cidadão e "Direito Penal" do inimigo somente implica isso mesmo, o estabelecimento de uma diferença entre esta classe de Lei Penal e as características essenciais do que até agora tem sido considerado Direito Penal em nosso entorno jurídico-político. Então, neste primeiro passo analítico se adverte que um ulterior aprofundamento desta evolução conduz a um "Direito Penal" distinto: e também desde

---

[172] Dito desde uma perspectiva mais geral, não é que aqui se afirme que o único Estado de Direito possível é o ideal (cfr. Jakobs, *Terroristen als Personen* (nota 1), III., texto anterior as notas 16 e 17), mas que especificamente se diz que a incorporação do binômio pena-inimigo é categoricamente incompatível com o Estado de Direito.

[173] Casos nos quais – ao menos no plano descritivo – "a pena é um instrumento para um fim policial, um passo na luta pela segurança"; Jakobs, *Terroristen als Personen* (nota 1), I., texto posterior a nota 4. Sobre a tensão entre ambos extremos no sistema de Jakobs com caráter mais geral, vid. Peñaranda Ramos, *RPDJP* 2 (2001), p. 413 e ss.

[174] O que sobre tudo, desde a perspectiva de uma construção teórica como a de Jakobs, que pretende ser uma aproximação à realidade social do Direito, implica que esta seria uma posição teórica talvez internamente coerente, mas, em todo caso, errônea.

uma perspectiva teórica modesta (positivista)[175] a respeito da ciência do Direito, mais descrente frente à força da legitimação interna da ciência do Direito Penal,[176] talvez possa valorar-se como análise útil quando se perfilam os traços de uma possível troca de paradigma.[177]

3. Mais além do diagnóstico, a agenda político-criminal que dele deriva desde a perspectiva aqui abordada é simples, mas existe. Não se olha ao outro lado, permanecendo em uma torre de marfil teórica.[178] A ordem do dia político-criminal é o seguinte: deve eliminar-se o "Direito Penal" do inimigo que está entrando nas legislações penais. Uma primeira razão está em que é ilusória a ideia de um confinamento do "Direito Penal" do inimigo a determinados limites mediante sua jurisdicização.[179] Como

---

[175] Convém recordar aqui a imediata valoração de Baratta. CPC 1984. p. 542, agora em: idem, criminología y sistema penal. Compilación *in memoriam*, 2004, p. 13: "indubitavelmente, estamos na presença... no caso de... JAKOBS de uma concepção que leva as suas últimas consequencias um modelo de ciência jurídica própria do ius positivismo".

[176] Cfr. somente Jakobs, AT2, 1/1, 1/8, 1/18 (o modelo defendido "pressupõe que a ordem social mereça os custos que se impõe ao infrator da norma"), 1/20 ("a pena somente pode ser legitimada por valor do ordenamento para cuja manutenção se castiga"); vid. também idem, *ZStW* 107 (1995), p. 25 e ss., 33 e ss. e 37; Müssig, *Schutz abstrakter Rechtsgüter und abstrakter Rechtsgüterschutz*, 1994, p. 89 e s. e 140 e ss.; Peñaranda Ramos/Suárez González/Cancio Meliá, en: Jakobs, *Estudios* (nota 76), p. 17 e ss., 26 e ss.

[177] Cfr. a argumentação paralela de Jakobs, *Staatliche Strafe* (nota 1), p. 47 e ss. e a respeito supra nota 15.

[178] Não deixa de ser chamativo para quem a seguiu a trajetória teórica de Günther Jakobs que agora possa ver-se como somente a crítica acerta "prepotência normativista" por "deixar fora de consideração as condições da realidade do Direito", o que implica que posições como a aqui defendida significam "viver nas nuvens – *Wolkenkuckucksheim* – dos postulados, desde as quais, desde logo, se pode criticar magnificamente essa realidade do Direito, mas, isso sim, sem que isso tenha consequência alguma" (Jakobs, *Terroristen als Personen* (nota 1), nota 9; sem cursiva no original). Desde o ponto de vista aqui adotado, seja qual for o ponto de observação, o que se vê claramente é que esta questão – acerca de se é necessário um Direito de exceção – não é que não se queira suscitar, mas que é uma questão jurídico-política sobre a qual cabe ter opiniões diferentes, não um elemento conceitual do Direito Penal. Cfr. a continuação no texto, 4.

[179] Cfr. Jakobs, *Staatliche Strafe* (nota 1), p. 45 e ss.; idem, *Terroristen als Personen* (nota 1), IV, texto posterior a nota 25.

pode inferir-se das primeiras linhas da evolução político-criminal mais recente exposta nas páginas anteriores, na realidade problema não consiste em um dualismo entre uma concepção normativa (Direito Penal da culpabilidade: reprovação jurídico frente a um cidadão) e outra cognitiva ("Direito Penal" do inimigo: controle de uma fonte de perigo) do Direito Penal. O que acontece é que o "Direito Penal do inimigo" constitui não uma regressão a meros mecanismos defensivistas, mas um desenvolvimento degenerativo no plano simbólico-social do significado da pena e do sistema penal. Os eixos estruturais do "Direito Penal" do inimigo se transmitem assim – através de argumentações de identificação simbólica – a novos setores de regulação com maior rapidez do que o faria uma argumentação racional com base em riscos mensuráveis; dito de outro modo, o "Direito Penal" do inimigo contamina com especial facilidade – como um pouco de azeite industrial um meio aquático natural – o Direito Penal ordinário.[180]

Voltando ao ponto teórico interno do Direito Penal, esta agenda político-criminal se vê confirmada pelo fato de que o Direito Penal (do cidadão) não pode absorver (nem conviver com) o discurso defensivista-demonizador

---

[180] Isto resulta evidente no plano empírico quando se pensa nas múltiplas instituições que, originadas do Direito Penal antiterrorista, tem sido incorporadas ao Direito Penal ordinário com caráter geral. Neste sentido, existe o costume de acompanhar as reformas destinadas primordialmente a delinquentes terroristas, de sua extensão a outras infrações graves, para evitar a sensação de legislação específica e para sublinhar a gravidade das infrações; assim aconteceu na Espanha, por exemplo, com o regime excepcional do direito penal de menores introduzido em 2000 na disposição adicional 4ª da lei de responsabilidade penal do menor; vid. CANCIO MELIÁ, em: FERRER *et al.* (nota 56), p. 21 e ss, 40 e ss. Um exemplo com raízes históricas ainda mais profundas é o da regulamentação dos atos preparatórios no Código Penal alemão (Jakobs, *Staatliche Strafe* (nota 1), p. 45 e ss.): esta regulação, que supõe uma antecipação de barreiras de criminalização, mostra a facilidade com a qual permanece (e, como sucede neste caso, é ampliada em seu alcance) uma norma devida a um contexto conflitivo (o enfrentamento entre a Igreja católica e o chanceler Bismarck, chamado Kulturkampf, nos finais do S. XIX) que pertence a um passado já muito remoto.

próprio do "Direito Penal" do inimigo: se precisamente desde uma perspectiva como a do sistema funcional (positivista) desenvolvido por Jakobs, o sistema penal é internamente cego a determinados pressupostos de legitimidade, tampouco pode processar determinados pressupostos fático-cognitivos ao lado dos autores culpáveis mais além dessa culpabilidade. É neste sentido que antes se dizia que no Direito Penal – uma vez reconhecida a cidadania política geral como base do sinalagma autonomia-responsabilidade –, todos os sujeitos imputáveis são cidadãos a efeitos jurídico-penais por definição.[181] O Direito Penal da culpabilidade não pode tomar nota de um prognóstico de periculosidade individual ou coletiva determinados autores responsáveis. Não é que não se queira abordar a questão do que fazer com esses autores, é que jurídico-penalmente, nada se pode fazer mais além da pena. Isso é assim porque o Direito Penal mostra uma definição funcional que o restringe à resposta derivada da culpabilidade: se no Direito civil ou no Direito eleitoral a personalidade, como é óbvio, é relativa – corresponde ao direito de propriedade a quem não pode transmitir, por exemplo –, o Direito Penal, ao estabelecer-se com a pena um mecanismo para contradizer afirmações relevantes

---

[181] De fato, Jakobs segue hoje em dia (vid. *ZStW* 117 [2005], p. 247 e ss.) mantendo-se em outros pontos da construção teórica em um nível de "resistência normativista" que casa bem com o ponto de vista aqui defendido, e nem tanto com a última posição de Jakobs neste âmbito da periculosidade individual do "inimigo": como é sabido, os mais recentes avanços nas ciências neurológicas parecem indicar que a vivência subjetiva da "liberdade" na tomada de decisões não passa disso, uma "vivência", no sentido de que seria uma reconstrução mental de um processo que não começa na decisão, mas, com caráter prévio, em num extrato não consciente da mente (expresso na conhecida frase: "não fazemos o que queremos, mas queremos o que fazemos"). Para Jakobs (*ZStW* 117 [2005], p. 247 e ss., p. 259 e ss.), entretanto, que isto seja assim desde o ponto de vista físico carece por completo de relevância, já que independentemente da ausência de "liberdade" neurológico-fática, o estabelecimento de responsabilidade (cego a determinados elementos empíricos de "ausência de liberdade") segue a lógica da imputação a um sujeito definido como componente: "...existe correspondência entre autonomia e responsabilidade, não entre livre arbítrio e responsabilidade" (*ZStW* 117 [2005], p. 266).

(pronunciadas pelos autores culpáveis, por aqueles que tem voz neste âmbito), todos os sujeitos que intervêm como sujeitos relevantes (apenados) tem que ser culpáveis: os que não o são, são expulsos do sistema jurídico-penal em sentido estrito (merecem medidas civis ou medidas de segurança), e os que o são, somente podem aparecer como culpáveis.

Neste sentido, inclusive poderia dizer-se que o Direito Penal concebido como reafirmação da vigência da norma, isto é, dirigido estruturalmente a sujeitos responsáveis, não só é sempre um Direito Penal do cidadão, mas que é incluso o Direito do cidadão por antonomasia, já que reconhece do modo mais intenso que o ordenamento conhece a autonomia de organização própria de um cidadão, unindo a dor penal aos atos por ele previstos. Não é, portanto, que desde a perspectiva aqui adotada não se queira reconhecer o problema dos sujeitos culpáveis perigosos, da ausência de um pronóstico sem reincidência, mas que se afirma que o Direito Penal apresenta uma barreira definidora que o impede de catalogar deste modo a determinados sujeitos se ao mesmo tempo afirma seu caráter responsável. Dito desde a perspectiva do Direito no seu conjunto: claro que para sua efetividade, para sua vigência real, é necessário certo "apoio cognitivo" – do contrário, não seria mais que uma ordem possível, um sistema normativo postulado, não um Direito real. Entretanto esta é uma condição prévia, extrasistemática e global (um pressuposto) – referida à vigência do ordenamento em seu conjunto – do ordenamento jurídico (penal), não uma análise individual interna desse ordenamento, a determinar autor por autor.[182]

---

[182] Em sentido paralelo, Gómez-Jara, "Normatividad del ciudadano versus facticidad del enemigo: sobre la necesaria autoorientación de la normativización jurídico-penal" (manuscrito), recorda que geralmente, a existência do Estado de Direito depende de alguns fatores externos ao mesmo, ou, dito de outro modo, que não se pode garantir com meios jurídicos.

4. A discussão em torno da conveniência de medidas excepcionais além do ordenamento jurídico-penal, portanto, não é uma questão que pertença ao Direito Penal em sentido estrito, mas um problema de política legislativa. Em todo caso, antes de determinar se parecem materialmente adequadas as opções político-criminais do "Direito Penal" do inimigo, há que assinalar a óbvia fraude de etiquetas que supõe a usurpação do rótulo de Direito Penal por parte das medidas de exceção que conhecemos como "Direito Penal" do inimigo:[183] neste âmbito, chamar as coisas por seu nome têm induvidosa importância, e as medidas de exceção deveriam ser identificadas, antes de mais nada, formalmente como tais.

Sem embargo, entrando no fundo da questão: É necessário um Direito de exceção, chama-se como se chame? Como cabe deduzir da breve investigação pelas linhas básicas da situação político-criminal atual levada a cabo em páginas anteriores, desde a perspectiva aqui adotada não há no horizonte do "Direito Penal" do inimigo, em nenhum dos setores, riscos que realmente mereçam o estado de exceção.[184] Por outra parte, no plano da prevenção fáti-

---

[183] E do pequeno detalhe formal de que o ordenamento jurídico prevê mecanismos jurídico-constitucionais específicos para as medidas de exceções.

[184] Desde o ponto de vista aqui adotado, esta constatação não se vê em absoluto afetada pelo fato de que, como consequência dos atentados de 11.9.2001 em Nova York, em diversos países se tenha estabelecido uma regulação do estado de necessidade que pode apresentar-se quando uma aeronave está no poder de um grupo terrorista que pode usar-la como arma ofensiva contra um edifício etc. Jakobs, sem embargo (*Terroristen als Personen* (nota 1), III., texto correspondente a nota 18, referido a § 14.3 da Lei Alemanha de Segurança Aérea; no caso espanhol, vid. no art. 16 d) da Lei 5/2005, de 17.11.2005, de Defensa Nacional), afirma que o fato de o ordenamento jurídico autorizar ao Estado a matar a sujeitos completamente inocentes tem uma "força explosiva sistemática" que dificilmente pode infravalorar-se: se quem nenhuma responsabilidade tem pode ver-se privado da vida, como não se pode aplicar uma especial pressão sobre quem é responsável pela situação? A pesar da aparente força de convicção desta argumentação, entretanto, a comparação não parece correta, já que os títulos dos quais deriva a intervenção nos bens dos cidadãos afetados são completamente divergentes em ambos casos: por um lado, se trata de sujeitos que estão envoltos em um estado de necessidade muito especial aos quais se impõe uma

ca, é sabido que em numerosos casos, são muito mais efetivos e adequados instrumentos políticos e policiais (sem contar com as possibilidades – legais – de uns serviços de inteligência bem orientados) que a resposta do ordenamento jurídico-penal. Particularmente, deveria prestar-se atenção a determinadas medidas de controle impostas ao infrator culpável posteriormente a pena privativa de liberdade (evitar aproximação, controle de movimentos, etc.), tal e como estão começando a executar. Em todo caso, desde o ponto de vista aqui defendido, a questão de se a sociedade preferirá sucumbir[185] ou assumir recortes de âmbitos de liberdade e ampliações massivas dos meios de intervenção estatal – em cuja cúspide se encontra a "pena" exacerbada que é a pena draconiana imposta ao inimigo) – simplesmente não enfoca; não se vê abismo algum quando se observa a realidade. É esta, em todo caso, uma apreciação de caráter político-criminal (mesmo que se queira dar outra resposta à questão suscitada) que excede da mera descrição ou sistematização.

Certamente: "Uma sociedade não ilustrada e um Direito Penal ilustrado não andam juntos".[186] Mas já chegamos a esse ponto?

---

intervenção gravíssima – sua morte – em seus bens por um raciocínio típico do estado de necessidade, ante um risco que ameaça: esse é o "título" do dano que se lhes impõe. Por outro lado, entretanto, no caso dos terroristas, o título é pena – posto que no caso de meros suspeitos, não pode haver mais que uma presunção de responsabilidade, e, por tanto, não pode haver mais que as medidas cautelares autorizadas pela Lei –, a pena que lhes corresponde por haver cometido uma infração criminal no passado. Trata-se, portanto, de um argumentum a maiore ad minus incorretamente formulado, já que os termos de comparação não são homogêneos (sem que isso afete à argumentação que se acaba de expor, a de ponderar que o Tribunal Constitucional Federal Alemão declarou inconstituicional o preceito que JAKOBS alude com data de 15.02.2006).

[185] Jakobs, em: idem/Cancio Meliá, *Derecho penal del enemigo*, 1ª edición, p. 42; vid. também idem, *Terroristen als Personen* (nota 1), III., texto correspondente a nota 17.

[186] Jakobs, AT2, 2/20; vid. à respeito Peñaranda Ramos/Suárez González/Cancio Meliá, em: Jakobs, *Estudios* (nota 76), p. 37 e ss.